U0045580

淨明／著

I MEET ZEN IN THE MOUNTAINS

我在山中遇見禪師

目錄

第 1 章

尋找自我的年輕旅行者

個性熱情又大方的年輕旅行者，喜歡四處旅行，要問到當初會想要在世界各地旅行的初衷，應該就是當年大學畢業後看到的那部影片，或許是衝動或什麼別的原因，他決定學習裡面的男主角，來一趟尋找自我之旅。

到目前為止，他雖然還算年輕，但他走過的地方卻比起同年紀的朋友，甚至某些人還要多上許多，但即使這樣，他還是覺得有那裡不對勁，他在世界各地交了許多朋友，看似行程滿檔，總是有人陪伴，但漸漸的，他卻越來越迷惘，自己想要的似乎都不是這些。

『我想要什麼呢？』年輕的旅行者想著，他試著將心淨空，找出內心真正的想法，然後在旅途中，他來到了一片傳聞中有位隱居禪師的山林。

旅行者：「哇！真的有禪師耶！我還有點半信半疑地爬上來，想說這種鳥不生蛋的山林怎麼會有人住。」

禪　師：「真是不好意思，待在這種鳥不生蛋的地方，你有什麼事情說完了，就圓潤的給我滾下山吧！」

旅行者：「為什麼我總覺得這禪師跟我想像中的禪師不太一樣…算了，禪師您好！我有些問題想問你，希望你能給我一點方向。」

禪　師：「你想像的禪師又是哪一年代的人啊？然後有問題就快點問，不過別問我太蠢的問題。」

旅行者：「不知道禪師知不知道該怎麼尋找自我呢？我踏上旅途已經將近三年，卻感覺自己越走越不懂自己在想什麼。」

禪　師：「在我回答你之前，我想先問一下，是那部蜂蜜幸運草嗎？」

旅行者：「咦？禪師怎麼知道？」

禪　師：「因為我也有看…咳咳……作為一位與世推移[1]的禪師，我也是會關注潮流的。」

---

1 隨著世道的變化而變化以合時宜。

旅行者：「原來如此，禪師比我想像中的還要飛炫（fashion）呢！」

禪　師：「然後呢？你有嘗試把心靜下來嗎？要知道，『自我』不在世界各地，而在內心的某處。」

旅行者：「是的，我也發現了這件事情，但不知道為什麼，每當我想靜下心來打坐或唸書時，總會有人來打擾我，像是打電話找我、或傳line之類的，讓我始終沒辦法靜下心來，這些人事物老是試圖干擾我，阻止我展開尋找自我的修行。」

禪　師：「首先我要告訴你，沒有任何人事物能阻止你修行。」

旅行者：「咦？可是我真的每次都被干擾啊！打坐到一半，感覺就快要進入狀況時，就被叫去買醬油、或是朋友突然傳line要我去幫忙。」

禪　師：「所有你所觀察到與感受到的人事物，都會使心動搖，造成干擾，所以**真正阻止你修行的，應該是你自己的心**。」

旅行者：「我自己的心，什麼意思？我其實並不想尋找自我嗎？但我都為此浪費了三年的歲月了。」

禪　師：「當你用『浪費』這兩個字時，就代表你並不把這件事情當一回事，說是尋找自我，但你充其量只是想找個藉口出來玩吧！」

旅行者：「這麼說也太過分了吧！我是很認真的在玩啊！」

禪　師：「……」

旅行者：「…我是說，我很認真的在修行。所以，我該如何才能真正靜下心呢？」

禪　師：「我先問你，如果把紅色的染料滴進水裡，你知道會怎樣嗎？」

旅行者：「水會被染成紅色的。這我小時候有做過類似的事情，把可樂倒進浴缸裡面之類。」

禪　師：「感覺不太一樣。那滴進的是黃色的染料，或綠色的染料呢？」

旅行者：「水會變黃或變綠，水本來就沒有顏色，丟進什麼顏色就會變成什麼顏色。」

禪　師：「那麼這些被染成紅色、黃色、綠色的水，它本質上還是水嗎？」

旅行者：「是啊！當然還是水，只是會被稱為紅水、黃水，而且應該也不能喝了！」

禪　師：「不管能不能喝，都是水的一種，不是嗎？只是被染料改變了顏色，難道就不是水了？它的本質並沒有變，一樣是清澈、乾淨的。」

旅行者：「可是，它們被汙染了，不是嗎？」

禪　師：「你這傢伙真刁鑽，把染料改成可食用染料呢？」

旅行者：「喔！那就可以了。」

禪　師：「但重點不在可食用、不可食用的染料。追根究柢，汙染都是外在因素所造成。就像你的心一樣，因為追求外在的事物，迷戀外在的誘惑，所以心才會被干擾與玷汙，只要把這些外在事物放下，你的心便能清楚了知這些外境而平靜下來。」

旅行者：「所以是因為我的心還在追求外在事物，所以才沒辦法靜下來？」

禪　師：「沒錯，要是你真的想安靜的打坐，你就不會去接電話和看line，甚至根本不會把手機開機吧！」

旅行者：「對耶！有道理，我都沒發現這件事。」

禪　師：「你要知道，我們的心就像是在森林裡的一片葉子，如果沒有微風吹拂，葉子就會靜止不動，如果刮起一陣風，葉子也會隨之搖擺。」

旅行者：「被風吹動嗎？所以如果心接觸並追求了外在的事物，就會隨著外境而動搖。」

禪　師：「沒錯，當我們對『法』越無知，心就越會執著外境，如果心缺乏正見的訓練，心就越容易面臨各種困境。」

旅行者：「結果搞了半天，真正阻止我靜下心的，是我自己渴望外在誘惑的心啊！」

禪　師：「沒錯，如果你沒能運用智慧去處理這些外在事物，心就容易浮躁不安。」

旅行者：「那該怎麼辦？禪修嗎？能讓心平靜下來嗎？」

禪　師：「不知道你有沒有聽過出入息，自古以來，觀察出入息就是禪修最重要的方法，你必須專注在呼吸的氣息上，讓心知道你正在吸氣、呼氣，無需考慮任何事物，且保持正念在出入息上，覺知當下你的出入息。」

旅行者：「我家有學佛，所以我聽得懂。那觀察出入息時可以選擇坐禪嗎？」

禪　師：「可以，把你的右手放在左手，把你的左腳放在右腳上，坐端正，然後只專注一件事——呼吸，不要太長，也不要太短，讓呼吸順其自然。」

旅行者：「呼——吸——呼——吸——，但我腦子還是在想很多事情。」

禪　師：「呼吸這兩個字不需要唸出來。你現在在心裡就只想著呼吸這件事情。在吸氣時，氣息開始於鼻端，中間在胸腔，最後在腹部；呼氣時則反過來，先腹部、胸腔，最後再鼻端，以這種方式去感受出入息。」

禪　師：「只要一直專注在這三個步驟上，你所擔心的所有事情，就會慢慢從你腦中消失。」

旅行者：「你是說我在坐禪時，只專注在呼吸上，什麼都別想？」

禪　師：「沒錯！把出入息當作心的所緣境，正念與覺知會使心專一，一段時間後，身體會變得輕安，心也會更加專注。」

旅行者：「那我需要跟著一直呼吸嗎？」

禪　師：「不用那麼刻意去做，你平常不就在自然的呼吸了嗎？觀察出入息的起點與終點，記得心是能緣，專注在單一的所緣境上，就能使心平靜，並生起智慧。」

旅行者：「好！可是每次都要這樣安安穩穩的端正坐下嗎？」

禪　師：「這只是開始，是修習『業處』的基礎，之後無論你在哪裡，車上、船上，無論你坐著、躺著，都可以觀察出入息，畢竟禪修並不只限於打坐。」

旅行者：「這樣倒挺方便的……等等，不管在哪裡都可以呼吸啊！應該是說，人不呼吸就會死了吧！」

禪　師：「所以我才說哪裡都行，只是你要練到不管在吃飯、洗澡、睡覺時，都能自然地進入狀況。」

旅行者：「那心平靜之後呢？接下來該怎麼繼續修行？」

禪　師：「你知道佛陀提過的四大元素嗎？」

旅行者：「四大元素我知道，是地、水、火、風對吧！」

禪　師：「沒錯！他們分別代表身體的四種業處，固體的屬於地大；循環的液體是水大；上下流動的氣息稱為風大；溫熱則被稱為火大，當四大合在一起時，就稱為人或生靈。」

旅行者：「喔！原來還有這個意思。看樣子我得有空看看關於佛陀的書了。」

禪　師：「你知道就好，記得知識就是力量。不過你有發現嗎？沒有所謂的『人』。」

旅行者：「什麼意思？最後合起來不是人嗎？」

禪　師：「當我們觀察人時，就只有這四大元素，沒有『生命』，也沒有『人』，實際上，你也只看見地、水、火、風，根本沒有我們所謂的『人』。」

旅行者：「你是指分開的時候，只有四大元素的意思？」

禪　師：「佛陀說四大元素不是生命，不是人，也不是自我，甚至是無常的，他們就只是地、水、火、風四種元素」

旅行者：「他們是無常的…也就是說，一直都在改變的意思？」

禪　師：「就像人一樣，你有想過我們人有可能不變嗎？永遠都不會長大，也永遠都不會變老？」

旅行者：「不可能！雖然永遠不會變老好像很不錯，但不會長大也太可怕了，我的目標可是190公分呢！」

禪　師：「這你回爐重造還比較快，都幾歲了，你以為你還在發育啊！」

旅行者：「我真的覺得禪師你講話有點過分耶！」

禪　師：「我這人一向都是有話直說，不打妄語。我們的身體是無常的，頭髮、皮膚、指甲也會持續變化，一切都在改變。連心也是一樣的，心不是自我，也不是我們，更不是你或是他，有時想到快樂的事情；有時想到痛苦的事情，這一切也都是無常的。」

旅行者：「所以所有一切都是無常的，連身心也是無常的？」

禪　師：「當然，佛陀說四大不是生命，不是人，不是自我，不是我們或其他人，就只是地、水、火、風四種元素，所以我們把人類視為完全相同。」

旅行者：「四大元素代表人體的四大，而四大不是生命，所以由四大所構成的『人』，也是無常，這個意思嗎？」

禪　師：「對！你只要專注觀察，你就會發現身心的無常、苦和無我。」

旅行者：「但如果四大中並沒有『我們』，那我怎麼尋找自我呢？」

禪　師：「所以說你電視看太多了，『尋找自我』跟旅行並沒有實際的關聯。」

旅行者：「是這樣嗎？可是那部明明就說⋯⋯」

禪　師：「停！先聽好，我之前所說的修習業處，就是當你根除了你的執著，你就無須直取色身為『你』、『你的自我』。當你發現一切事物都是無常、苦、無我，心會停止追求，貪、嗔、癡將逐漸去除，直到只剩下心，所以根本沒有尋找自我這回事。」

旅行者：「原來如此，感覺有點失望呢！」

禪　師：「還是覺得自己白白浪費了三年的時間嗎？」

旅行者：「恩…仔細想想，好像也還好，畢竟在旅程中遇到了很多事情，也交到了許多朋友，雖然可能跟其他人畢業後一開始走的路不太一樣，但也學到了很多以前從未知道的事情。」

禪　師：「不管是做出怎樣的選擇，都是有意義的。最後告訴你一件修行的事情，如果身體受到干擾，也別擔心，只要保證心不受干擾就好。」

禪　師：「記得，即使外在環境再怎麼動盪不安，只要不要一起被干擾，你的心就能照常保持輕安自在，不會憂愁、煩惱。」

旅行者：「了解！感謝您的一番教誨！我下次還可以再來找禪師嗎？」

禪　師：「那倒無所謂，但拜託別再玩尋找自我的梗。」

旅行者：「哈哈，知道了啦！禪師掰掰。」

第 2 章

十天沒睡的暴發戶大老闆

在離開山林後，旅行者在下山途中遇到了一位貌似暴發戶的大老闆，身上穿的又金又銀，眼睛都快被刺傷了，看著對方因為爬山而顯得有些吃力的樣子，年輕的旅行者原本好心地想將他扶上山，不料卻被對方嚴正的拒絕了。

旅行者：「老人家，你這樣搖搖晃晃的，很危險。我扶你一下，好不好？」

大老闆：「不用！我還沒老成這樣，我自己走就好。」

旅行者：「可是……」

雖然對方拒絕了，但看著他走一步喘兩步的姿態，以及有些搖搖晃晃的步伐，旅行者還是決定護送對方上山，往山上的路只有一條，山上也只有禪師一個人，於是旅行者扶著他往禪師的山林走後，就離開了。

大老闆：「我都說我可以自己走，竟然還硬是扶我上來，真是的，現在的年輕人都不聽別人說話嗎？還好我還沒把公司的主導權交給我兒子，誰知道沒我這老傢伙在，公司會被他搞成什麼樣子，一天到晚說要革新、創意的。」

禪　師：「你好，請問有什麼需要幫忙嗎？」

大老闆：「早知道這山林不好走，就應該在山下雇人把我送上山，但仔細想想，若真雇了人，不就是明擺著我已老了不重用了嘛！不行！我才七十五歲，無條件捨去的話就是七十歲，跟其他已躺在病床上、待在家裡的老友比起來，還算能走能跑，要是被他們知道我還要雇人把我帶上山，那多丟臉啊！」

禪　師：「請問？」

大老闆：「記得以前年輕時，我還能爬上喜馬拉雅山、潛進加勒比海的藍洞，這樣回想起來，就覺得現在的我真是一無是處，身體果然是本錢，老了就不重用了。」

大老闆：「不行不行，再想下去就又要想個十天沒辦法睡了，這幾年的想法越來越悲觀，老伴都覺得我的脾氣變得很奇怪，希望這山林裡的那位禪師有點真材實料，能解決我的問題。」

禪　師：「…有沒有真材實料我不知道，但你能先把你來的目的講清楚嗎？」

大老闆：「哇啊！」

大老闆：「你…你這傢伙，怎麼半聲不吭的出現在這裡，這麼嚇人啊！」

禪　師：「…呵呵。」

大老闆：「算了，我就大人有大量的原諒你了。我來這裡是有點事想問你。」

禪　師：「你問吧！我會盡量解答的。」

大老闆：「你這人怎麼這樣？什麼盡量，應該要確切的回答我吧！你這樣還算得上是禪師嘛！算了，我不跟你計較。」

禪　師：「……你有問題就說吧！」

大老闆：「我今年已經七十五歲了，雖然跟同年齡的朋友相比，還能跑、能走就已經很好，還算健康了，但我有時候還是會恐懼於衰老與死亡的到來。」

禪　師：「當佛陀老邁時，他放下了他的身體，放下了沉重的色身，現在，你也必須學會放下你的身體。」

大老闆：「什麼？原來連佛陀都會變老啊！」

禪　師：「當然，即使累積無量功德的佛陀，也難免衰老的一天。」

大老闆：「可是，我不甘心啊！我還有很多事情還沒有完成，我的公司還不能放心交給我兒子，我也還沒看到我孫子結婚生子。」

禪　師：「請問你有用過很久的杯子或盤子嗎？」

大老闆：「咦？怎麼問這種問題，我家的杯子壞了、舊了就會換啊！畢竟有錢了，就想對自己好一點，等等……」

大老闆：「我有個很舊的水壺，是當年當兵時發下來的，從以前就帶著它上山下海，現在雖然已經變得有點破舊，但還是不想丟掉。」

禪　師：「你這水壺剛到手時，肯定是既乾淨又發亮的，但長時間使用後，就必定有所損壞，像是刮痕、凹洞之類。」

大老闆：「其實它沒有那麼新，畢竟是從以前留下來的，不過前人都洗得很乾淨。傷痕也有，像是以前攀岩時的刮痕。」

禪　師：「不管是你的水壺，或是平常用的那些杯子、盤子，都沒有堅固不變的形式，這就是他們的本質，而你的身體也一樣。從你出生那天起，身體就一直在改變，從幼年到青年，青年到老年，現在，你必須接受身體已經快滅了的事實，了解佛陀說過，凡是因緣和合而成的事物，無論是我們的身體或外在事物，都是沒有實體的，變異是他們的本質。」

大老闆：「我知道無論發生什麼情況，都要去接受身體最終都會衰壞的事實，可是我還是…」

禪　師：「當我們被監禁時，只有身體被監禁，不要讓心也跟著被監禁。當你的身體隨著年齡敗壞時，千萬不要讓你的心也跟著身體壞滅，讓心獨立，透過了知事物的本質，才能使心產生力量。」

大老闆：「身體會衰老，會毀損，但心卻不會，你是這意思嗎？」

禪　師：「如果你的房子遭到破壞，造成損傷的也只是你的房子，因為它只涉及你的房子。如果有一場洪水，不要讓它淹沒你的心；如果有一場火災，不要讓它焚毀你的心，房子就是你的身體，是身外之物，讓你的心放下，才是更為重要的事情。」

禪　師：「今天要是房子發生了火災或地震，你希望房子沒事呢？還是希望家人平安？」

大老闆：「當然是家人，房子再建就有了，而且我在很多地方都有房產的。」

大老闆：「我好像懂你的意思了，就像是火災時，比起去拿存摺和黃金，我當然會優先保護我的孩子與妻子。」

禪　師：「沒錯！就是這麼回事，你只要把它代入你的身體和心，你就知道真正該注意的是什麼了。」

大老闆：「我聽說佛法講過：無常、苦、無我是身體的本質，身體沒有其他的運作方式。出生後，身體會變老和生病，然後死亡，這又該何解呢？」

禪　師：「無論是人類或動物、貧窮或富有，沒有生靈能長久保持相同狀態，一切事物都會改變，這是我們無法改變的事實。佛陀說，我們所能做的，就是觀察身心的本質，像是你的房子、財產，和你的妻子、孩子，名義上是你的東西、你的家人，但你沒辦法把他們帶到別的地方，他們不屬於你，而是屬於自然界。」

大老闆：「也是。生不帶來，死不帶去。或許我該學會放手，讓兒子試試看了。」

禪　師：「不只是你，每個人都一樣，就算是佛陀和他開悟的弟子亦然。」

大老闆：「原來即使是佛陀也一樣啊！這樣想想，就覺得心裡好過一點了。」

禪　師：「當然。看看你的身體，有看到什麼東西嗎？裡面有什麼是乾淨的？你能找到持久不變的事物嗎？」

大老闆：「應該沒有，我的身體好像沒什麼是不會改變的。」

禪　師：「要知道身體其實是不屬於我們的，我們無法支配身體，也無法讓身體不生病、不衰老。對身體來說，衰老、壞滅是自然的，因為一切有為法必定改變，不是嗎？」

大老闆：「但是我還是覺得很痛苦，現在的我走沒多久就會開始喘氣，總覺得力不從心。」

禪　師：「這很正常，但**真正使你痛苦的，不是身體，而是你自身錯誤的觀念！**」

大老闆：「怎…怎麼會呢？你不是說身體本來就會逐漸衰老，即使我們再怎麼阻止都沒用？」

禪　師：「但若你以錯誤的觀念來看事情時，必定受苦。就像河水會往下流，從未往上流，這是它的本質，如果有人想讓河水往上流，無論他在行走、坐臥，心都不會平靜，因為他的觀念是錯誤的，他的想法違背水往下流的事實。」

大老闆：「錯誤的觀念使我感到痛苦，所以我該改變自己的想法？」

禪　師：「當然，必定往下流的河水。就像你的身體，即使曾經再怎麼年輕活力的強健身體，都會逐漸衰老，邁向死亡，不會有例外，這不是你有能力去改變的事。佛陀告訴我們，要如實觀察事物，然後放下對事物的執著。」

大老闆：「我知道你的意思了，就是因為我一直在想這件事情，才導致我的受苦，我該做的就是別再去想這種不可能達成的事情，所以現在我該學習放下。那該如何開始呢？」

禪　師：「學會禪修，將你的注意力放在出入息上，放下身外之物，不要再執著任何事物，讓你平靜的心專注在呼吸上。觀察出入息，只覺知氣息的出入，讓覺知的心越來越敏銳，直到感到氣息非常微弱，但內心卻非常清楚，那麼痛苦就會逐漸止息。」

大老闆：「以前我總是覺得宗教是內心軟弱的人才需要的，沒想到現在我也得開始學佛法了。」

禪　師：「話不是這麼說的，只有學習佛法，我們才有可能解脫。」

大老闆：「我知道了，雖然我很不願意，但我也想再努力試試。畢竟我也是白手起家出身的，年輕時為了賺錢而拚盡全力，成功養活妻子、孩子，現在我也該真正為自己而努力看看。」

禪　師：「沒錯，讓心能更加覺知，如果呼吸是粗的，我們知道它是粗的；如果出入息很微細，我們知道它是微細的，當它越來越順暢時，我們繼續跟著它。」

大老闆：「就是完全覺知的意思？」

禪　師：「對，等到氣息完全消失，就會只剩下覺知的心。佛陀就是覺者，我們保持覺知，遇見覺者，與佛同在，雖然釋迦牟尼佛的色身已經入滅了，而真實的佛陀是最光明、清靜的覺者，就算到了今天，我們仍然能體驗和證得『覺者』。所以請放下，放下一切事物，保持覺知，只要保持平靜，你會安坐在那裡，沒有什麼可以執取或執著的。」

大老闆：「但我還沒辦法放下自己的孩子與妻子。」

禪　師：「不要擔心你的妻子、孩子，將來他們也會像你一樣，在世上，沒有誰能逃避死亡，了解佛法是通往了脫生死輪迴的道路，這也是你必須單獨完成的任務。」

大老闆：「雖然我的妻子有時候有點嘮叨，還常常禁止我吃甜甜圈，我兒子常常在公司頂撞我的意見，但我會想他們的。」

禪　師：「如果你想他們，用智慧去想他們，而不要愚痴的想，無論你有怎樣的念頭，都要以智慧去觀察、以智慧去想，保持覺知。」

大老闆：「但是…」

禪　師：「別在那裏擔心東、擔心西的，能幫助你的，就只有你的出入息，這是你的職責，而非別人的工作。當你發現自己心裏有法時，請一直對自己說：『別打擾我！我不在乎。』把一切事物放下，做自己分內的事情，完成自己的份內責任。」

大老闆：「我總覺得焦慮，哪天我過世後，我妻子、我的孩子又該如何是好？」

禪　師：「Dhamma是『法』的意思，而一切事物皆是法，沒有什麼不是法。那World呢？你知道嗎？」

大老闆：「不太清楚，我學歷並不高，英文不太熟。」

禪　師：「就是你目前焦慮的精神狀況，你剛想的就是World（俗務），而你怕痛、怕死的念頭，則是World（世事）。世間就是這樣，如果你讓俗事支配你的心，你的心就會變得晦暗不明，無法看到自己。如果你有想長壽的念頭，這會使你受苦；如果你想趕快迎接死亡，也會使你受苦。」

禪　師：「仔細想想，你真的覺得自己有那麼重要嗎？哪天你去世了之後，你的妻子、孩子就活不下去了嗎？」

大老闆：「……不，我的妻子很堅強，她一直默默的支持著我，從不讓我煩惱家裡的事情，就算哪天我死了，她應該也能安頓好家裡的一切。」

禪　師：「那你的孩子呢？應該結婚了吧！」

大老闆：「恩，前幾年就成家了，去年還生了個孫子給我，我的孫子超可愛的，禪師要不要看照片，我有他出生到現在的照片，和爬來爬去的影片喔！」

禪　師：「不用了，謝謝！看樣子你應該想清楚了。」

大老闆：「是的，我早該知道的，我與我的妻子、孩子總有一天都是會分開的，他們有他們該前進的路，我也有我的。」

大老闆：「但是不管早死或晚死都會受苦，那我該什麼都不想嗎？」

禪　師：「你只要學著放下，畢竟你對身體的壞滅無能為力，不是嗎？像化妝一樣，你或許能把自己畫得乾淨、好看，但年老時，每個人的處境都相同，你無法避免身體的老、病、死。你只能改變和美化你的心。」

大老闆：「我大概懂你的意思了，我們每個人的肉體看似屬於我們，但也只是名義上屬於我們的，它事實上只是我們在世俗的家，或許乾淨、漂亮，卻不一定平靜，它只是身外之物，不是我們永久居住的地方，不是真的屬於我們，而是屬於俗世（World）。」

禪　師：「對，我們真正的家應該是內心的平靜。而我們的身體也亦然，我們視為『自我』，是『我』或『我的』，但事實上並非如此，它只是另一個家。一出生，身體便遵循自然法則，會生病、會衰老、會死亡，是不可能改變的，就像是一隻鴨子希望變成一隻雞，但這是很愚蠢的事情，鴨子就是鴨子，雞就是雞，不可能改變。就像身體必然變老和死亡，無可避免，無論你想要身體維持多久，都不可能如你所願。」

大老闆：「一切有為法都是無常的，有生必有滅，寂滅為樂。」

禪　師：「阿彌陀佛，看樣子你懂了。」

大老闆：「諸『行』的意思是無常，就是身心無法永久不變，有生必有滅嗎？」

禪　師：「請觀察出入息，你想想，你能只呼氣，或只吸氣嗎？」

大老闆：「不！吸氣，就必須呼氣；呼氣，就必須吸氣，這才是自然的呼吸。」

禪　師：「所以我們出生、長大、變老、死去，這也是自然且正常的事情。我們的生和死只是一件事，就像一棵樹，當有樹根時，一定有樹枝；有樹枝時，必定有樹根，你不可能只有其一而沒有其二。生即死，死即生；樹枝是根，根是樹枝。如果沒有生，就沒有死，你明白這點嗎？」

大老闆：「沒有生就沒有死，沒有死也沒有生，兩者是共存的。那我們真正的歸宿在哪裡呢？」

禪　師：「當你還是孩子時，你的眼睛牙齒是健康的，你同意嗎？」

大老闆：「我同意！」

禪　師：「那當你年老，甚至死亡呢？」

大老闆：「牙齒會脫落、眼睛會有老花，會跟隨身體一起壞滅。」

禪　師：「這就是他們的本質！你的身體有任何器官還是小時候的樣子嗎？」

大老闆：「沒有，沒有任何器官能維持小時候的樣子，一定是隨著年齡增長而變化，最後逐漸衰弱。」

禪　師：「沒錯！時間到了，因緣合和的事物必定壞滅，這個世界沒有什麼是可以倚靠的，它是無止盡的紛亂和麻煩，是苦與樂的循環，而這也不是你真正的歸宿，這只是暫時的住所。」

大老闆：「能讓心真正平靜的歸宿？」

禪　師：「當然，這世間無法找到真正的平靜，窮人的心不平靜，富人亦然；大人的心不平靜，小孩也一樣，受過教育的、未受過教育的、有所成就的、未能有所成就的，也通通都一樣，每個人都有或多或少的苦。為什麼一切事物都是無常與苦的？」

大老闆：「請你解惑。」

禪　師：「因為他們沒有永久不變的實體！物質是法，非物質也是法，因此我們與法同在，我們活在法裡，我們就是法。事實上，沒有永恆不變的自我，只有不斷生起和滅去的法，這是它的本質。每一刻，我們都在生滅之中，這是事物的本質。」

大老闆：「所以人和動物都會壞滅，必定會衰老、死亡，無法永恆不變，因為這是所有事物的本質，有生就有死？」

禪　師：「當你了解這生與死的世間法後，你就會發現它是個讓人厭倦的東西。當你發現沒有什麼事物可以依賴，你就不會在迷惑。你的心也會清楚知道——無法改變情況，就是世間法。了解世間法，你會放下執著，以一種不悲不喜的心放下一切，並以智慧觀察牠們變異的本質，讓心平靜，不受因緣合和的事物影響，一切因緣合和的事物都是無常的。」

大老闆：「我了解『無常』的意思了，那『恆常』呢？是永久不變嗎？」

禪　師：「不！所謂『恆常』指的是一切事物一定會改變。從童年到老年不斷的改變，而這種改變的本質，就是『恆常』。不只是你，每個人都必須經歷老、病、死，當你以這種方式去思考時，你的心會清醒，你所喜歡的感官之娛就會消失。你會了解，如果你有很多財產，你必須全部放下，財富只是財富，長壽也只是長壽，沒有什麼特別。」

大老闆：「人死後，什麼都不會帶走，這樣的話，我當初為什麼會犧牲那麼多時間去工作呢！早知道我就該跟我妻子一起去參加維多利亞遊輪之旅，或是之前兒子邀約一起去綠島玩時，就應該跟著去了。」

禪　師：「雖然是這麼說，但你也給了妻兒溫飽，和一個舒適的家啊！」

大老闆：「也是，只是現在也不需要我了，我的孩子長大了，結婚生子，能賺錢養家了，我回去得告訴他，不要像我一樣，多陪陪妻兒啊！」

禪　師：「等到老了之後，才會發現自己的過錯，雖然逝去的時光已經無法再重來，但至少你還能勸誡自己的孩子。現在你也只剩下一件事情要做，讓心平靜下來，照到真正的歸宿。」

大老闆：「我該怎麼做才能讓心真正的平靜下來？」

禪　師：「就用我剛剛告訴你的方式，觀察出入息，並學會放下，全部放下，直到你的心非常平靜，不再有可放下之物。快樂不是你的歸宿，痛苦也不是，苦和樂都會生起和消失。」

大老闆：「一切有為法都是無常的，所以我該放下內心的執著，才能找到真正的歸宿？」

禪　師：「等我們到了生命盡頭時，我們別無選擇，也無法帶走任何東西，所以在我們去世前，把一切事物放下不是更好嗎？」

大老闆：「放下，把一切放下，謝謝你，禪師，我懂了！」

禪　師：「你回去後好好想想，希望你能真正懂了。」

大老闆：「好的，你果然是位有著真材實料的禪師，一開始講話那麼不客氣，真是不好意思。」

禪　師：「沒事，你能了解就好。」

大老闆：「真不知道怎麼感謝你，禪師，這是我的一點小小心意。」

禪　師：「你該不會隨身都帶著支票本啊？」

大老闆：「當然，這是一位成功的大老闆必有的裝備。啊！我是不是太俗氣，不該給你錢的，還是我去幫你打個純金的佛像？」

禪　師：「咦？不⋯不用了，這個支票也是，你還是收回去吧！」

大老闆：「不行！施恩必相報，這是我做人的守則，還是你不收支票的話，我給你幾棟房子如何，最近投資房地產還蠻不錯的。」

禪　師：「⋯支票就好了。」

大老闆：「真的嗎？好吧！謝謝你今天的解惑，再見。」

禪　師：「再見。」

禪　師：「⋯⋯等等下山再把這支票捐出去吧！這金額真驚人，不愧是大老闆。」

第3章

凡事先往壞處想的家裡蹲小兒子

大老闆下山回家，先是難得睡了一個好覺後，便決定放下自身的執著，將公司全權交給大兒子管理，並計畫跟著妻子報名三十三天環遊世界之行。

正在計畫行程時，恰好最小的兒子回家來探望他，想起在禪師那裏得到的教誨，於是難得開心的與小兒子聊天，在聽過父親從禪師那裏得到的智慧後，小兒子對修行佛法開始感到了興趣，在家裡猶豫了好幾天，最後還是下定決心要要去拜訪禪師。

小兒子：「我……我還真的跑來了，這樣真的好嗎？雖然父親說得很有道理，但是突如其來的拜訪，應該會給禪師添麻煩吧！」（小兒子自言自語的說。）

禪　師：「你好，有什麼事嗎？」

小兒子：「是不是該先打個電話，或發個e-mail呢？啊！可是我沒有禪師的電話和信箱號碼啊？我怎麼那麼笨，都不先調查。」（小兒子依舊自言自語。）

禪　師：「我其實有名片的，上面有電話和信箱號碼，需要我給你一張嗎？」

小兒子：「仔細想想，說不定禪師今天根本不在山上，我不就撲了個空了？甚至有可能禪師正在感悟天意，進入無我的境界，我這一來，不就打擾到他了？要是打斷了禪師結嬰或渡劫之類的，我不就是個千古罪人！」

禪　師：「無我境界是怎樣？還有結嬰、渡劫到底是？」

禪　師：「而且這種自說自話的感覺，好像有種莫名的熟悉感。」

小兒子：「怎麼辦？還是先回去好了，之後再正式拜訪好了…啊！」（小兒子嚇了一跳）

禪　師：「你好，總算看到我了。」

小兒子：「你…你你你好，禪師果然功力高深，走路一點聲音都沒有，我來此事有些事情想向你請教。」

禪　師：「我是武林高手嗎？還走路沒聲音，這布鞋走路本來就不太會發出聲音啊！」

禪　師：「你有什麼事嗎？」

小兒子：「禪…禪禪禪師，我即將出外修行，所以想向您請教些佛法。不過如果你很忙也沒關係，我可以改天再問，真的沒關係，不要因為我這種渺小人物而打斷你的修行。」

禪　師：「何必先把自己貶得那麼低呢？沒事的，我並沒有很忙，而且我很讚許你想修行的心，我也很願意為你解答，但你記得先用心聽，**不要讓你的心因追逐其他事物而迷失**。」

小兒子：「我…我知道了，我會努…努力的。」

禪　師：「順帶一提，請問你跟前幾天來訪的大老闆是父子嗎？」

小兒子：「咦？禪師你怎麼知道，難道這就是所謂的神通嗎？好厲害！」

禪　師：「不…你們長得就像一個模子刻出來的，我怎麼可能認不出來。」

小兒子：「原來如此，我…我也常被父親的朋友這麼說，但是我跟父親的個性一點都不一樣，跟大哥也是，每次聚會的時候，他們周邊總是圍著許多人，但我每次都習慣不了太多人的場合，一站在眾人面前講話都會結巴，鬧了好多笑話，父親他們肯定討厭死我，恨不得我沒出生吧！」

禪　師：「沒那麼誇張，你父親不就叫你來找我了？他還是很關心你的。」

小兒子：「…是沒錯，父親雖然常常罵我不爭氣，但還是會默默關心我，雖然不太會下廚，但小時候常在我半夜肚子餓的時候，爬起來煮麵給我吃。」

禪　師：「真沒想到大老闆竟然是傲嬌屬性呢！」

小兒子：「傲嬌？什麼意思？是稱讚我父親的意思嗎？」

小兒子：「我父親如果知道禪師稱讚他，一定會很高興的，我一定會回去跟我父親說的。」

禪　師：「等等！別說啊！」

小兒子：「咦？為什麼？」

禪　師：「你…你先把你想問的問題說出來吧！你剛不是說想跟我請教佛法？」

（總之先想辦法讓他忘記那兩個字吧！）

小兒子：「啊！好，我想知道所謂『身』和『心』有何差別呢？」

禪　師：「…先想像你正獨自坐在山上，坐在這裡，當下有什麼呢？只有身和心而已，現在坐在這裡的軀殼叫做『身』，而能覺知和思考的則是『心』，而這兩樣也叫做什麼？這你讀過嗎？」

小兒子：「名（nama）和色（rupa）。」

禪　師：「是的，『名』是沒有形狀形體的。而所有的念頭和感覺，『受、想、行、識』這四蘊都一樣，也沒有形體。當眼睛看到形體時，那個形體叫做『色』，而那時的覺知者叫做『名』，總稱為『名』與『色』，也就是身與心。」

小兒子：「所以名法與色法，就是身與心囉！」

禪　師：「對！但是我們常把身與心給混淆。如果你想要平靜，就必須了解名與色或身與心的本質，但我們的心未受訓練前，是髒的、不乾淨的，這並非最初的心，要使心平靜，必須不斷的透過禪修來訓練心。」

小兒子：「所以如果要訓練心，就代表我必須先坐下來禪定嗎？」

禪　師：「禪定的確是坐著禪修的意思。但事實上，不論站著、躺著和走著都可以禪修，你可以在一切時中禪修。」

小兒子：「那『三摩地』呢？它不是『穩固的心』的意思？不需要坐穩嗎？啊！我是不是太狂妄了？竟然還敢對你提出疑問。」

禪　師：「沒這回事，有問題就要解決才行，能問就是好事。關於這個，你有聽過一句話嗎？只要你的心還在家裡，那無論你到哪裡，埃及、菲律賓、英國⋯⋯等，哪裡都是你的家。」

禪　師：「有些人認為，禪修就必須要靜靜地坐著，不讓任何事物干擾他們，想以此獲得平靜，但這不是對的。」

小兒子：「這表示我不需要去壓抑心來坐禪？」

禪　師：「不需要，修行『三摩地』是為了增長智慧和內觀，讓心專注在單一的所緣境中，跟壓抑心沒有關係。」

小兒子：「但是，每當我試著打坐，我的心就無法專注，一開始會跑向一個地方，然後又跑到別的地方，總是亂跑，我都不知道要怎麼使心靜止不動。」

小兒子：「對…對不起，我只是想用個誇飾法，果然我還是不該亂用的吧！」

禪　師：「沒事，雖然你說心在亂跑，但其實心並沒有跑掉，只是你那時候生起的一種感覺。例如你走進四星級飯店的房間時，你覺得這房間超豪華、超大，但這也只是你自己的感覺，如果你以前有住過五星級飯店，就只會覺得這是一間普通的飯店。」

小兒子：「所以說，像是住過總統套房的人，就不會覺得那些四星、五星級的飯店很大、很豪華，是這個意思嗎？仔細想想，好像是真的。」

禪　師：「咦？原來你住過總統套房啊！」

小兒子：「以前跟父親出差時住過，真的太大太豪華了，我這種小人物怎麼能住那種地方呢？明明只要給我一間儲藏室就夠了，不對，應該只要廁所就可以了，只是總統套房的廁所也好大的說。」

禪　師：「我想這不是重點。」

小兒子：「是…是的，所以實際上讓我沒辦法獲得平靜的不是我的心，而是我自己的感覺，那我該如何獲得平靜呢？」

禪　師：「你如果要透過禪修找平靜，就必須了解平靜是什麼。」

禪　師：「假設你帶了一枝非常貴重的筆在身上，而在來到這裡的路上，你把筆放在前面的口袋，但在拿出來使用後，就將它放到後面的口袋。現在你想要使用筆，於是將手伸到前面的口袋，但筆不在那裡，你就會嚇一跳，你嚇一跳的原因是什麼呢？」

小兒子：「找不到筆？明明都特地帶出來了，而且又是很貴重的筆？要是弄丟了，果然，像我這種人什麼事情都做不好，活著就是浪費社會資源。」

禪　師：「不要隨便陷入悲觀！所以這就是你沒有看到事情的真相，最終結果是苦，不論你怎樣的走來走去，也無法停止因弄丟筆而產生的苦惱，你錯誤的認知使你受苦，」

小兒子：「那…那如果最後想起來筆是放在後面口袋呢？」

禪　師：「當你想起這件事時，心一定好多了，但你之後在走路時，就會一直伸手進後面的口袋確認。」

小兒子：「的確，忍不住想伸手一直摸，確認筆沒有不見。」

禪　師：「這就是因為你的心在欺騙你，你的筆並沒有消失，而你的憂慮來自於錯誤的認知，而看到以為失而復得的筆時，疑慮消失了，煩惱也停止了，這種平靜來自於看見問題的起因：苦的因（集諦）。」

小兒子：「意思是，我本來很難過筆不見了，但一旦確認了筆其實在我後面的口袋裡，我就不難過了，痛苦解除了。這是nirodha（滅）的意思嗎？」

禪　師：「沒錯！我們的心總是被諸如此類的事情所欺騙，這就是為什麼佛陀教我們必須去觀察，讓心平靜下來。」

小兒子：「所以禪坐才能讓心平靜下來嗎？」

禪　師：「但是禪坐無法讓煩惱停止，而煩惱也根本沒有消失，只是暫時被壓住而已，如同被石頭壓著的小草，幾天後，你將小草上的石頭移開，小草還會存在嗎？」

小兒子：「還在，只是被壓住，所以長不出來而已。原來坐禪也是如此，雖然心是平靜的，但煩惱卻沒有停止。」

禪　師：「所以**要找到真正的平靜，就必須內觀**。當你入定時，心是平靜的，就如同石頭壓著小草般，一旦移開石頭，小草還是會再長出來；至於內觀所獲得的平靜，就像將石頭放下後，不再移開，讓石頭留在原地，而小草不再長出來時，才會是真正的平靜。」

小兒子：「原來如此，要以內觀的智慧來止息煩惱。」

禪　師：「雖然我們說『慧』和『定』是分開來的，但本質上他們卻是相同的，『慧』是『定』的作用，他們同樣是從『心』生起，有不同的特質、不同的作用。」

小兒子：「恩…請問有其他例子嗎？我搞不太清楚，畢竟我那麼笨。」

禪　師：「到這裡能聽懂一部分，你就很厲害了，我再講個比較實際一點的例子給你聽聽。」

禪　師：「你看看這棵芒果樹，小芒果會越長越大，直到成熟，然後腐爛，他們雖然是同一顆芒果，但卻有不同的形態，但是我問你，這顆小芒果和之後成熟長大的芒果是同一顆嗎？」

小兒子：「恩…是同一顆。」

禪　師：「那和成熟過頭，最後腐爛的芒果呢？」

小兒子：「…也是同一顆吧！只是形態改變而已。」

禪　師：「沒錯！所以說，當你修行法時，有一種情況叫做『慧』，而另一種形狀叫做『定』，實際上，『戒』、『慧』、『定』都是同一件事，如同剛剛所說的芒果一樣，不管小的、成熟的、腐爛的，都是同一顆，只是它們的形態改變了，看起來好像都長得不一樣，但其實本質都是一樣的！」

小兒子：「這樣比喻我就懂了，不管是哪一種形態，本質都一樣。那我應該從哪裡開始修行呢？」

禪　師：「當然是從心開始。」

小兒子：「咦？從頭開始嗎？」

禪　師：「不對，心臟的『心』，從『心』開始！。」

小兒子：「可是我並不知道『心』是什麼？長什麼樣子？而『心』在哪裡呢？」

禪　師：「心沒有形相，所以我們稱那個接觸善惡法的為『心』。就像是一間房子的主人，當客人來訪時，主人必須待在家裡招待客人。」

禪　師：「你去拜訪別人的時候，難道主人都不在家嗎？」

小兒子：「通常都會約好時間的，但是我並不常去別人家作客，畢竟我沒什麼朋友，他們肯定也不歡迎我的。」

禪　師：「不用管歡迎不歡迎，也不要一再想著『心』是什麼，我們不必想太多，也不用搞得太清楚，只要問你自己，你自身擁有什麼？只要有名與色，即身與心，就夠了！」

禪　師：「曾經有個故事講到：有人問說：『佛陀知道一切萬物，那這棵樹有多少樹幹？又有多少枝葉呢？』佛陀回答『這棵樹有主幹和枝幹。』但是那人就是想問樹有多少主幹和支幹，你覺得他為什麼要問這個問題？」

小兒子：「恩…是覺得佛陀無所不知，一定知道有多少枝幹嗎？」

禪　師：「但誰會閒著沒事去算樹有多少枝幹呢？你會去算嗎？」

小兒子：「應該…不會吧！」

禪　師：「你都不會做了，那你認為佛陀會那麼愚蠢嗎？」

小兒子：「佛陀怎麼可能會比我蠢呢！」

禪　師：「…」（這傢伙太純良了，我實在沒有嘲諷人的快感）

禪　師：「就像我們走在森林裡，我們必須開路才能穿過森林，但我們需要砍倒所有的樹，砍掉每一棵大樹、小樹嗎？」

小兒子：「不…那樣太浪費時間，只要砍掉我們要走的路附近的樹就好了。」

禪　師：「是啊！我們只要砍掉會阻礙我們行走的樹木就好了，總不可能為了穿過這片森林，而把整片森林都砍掉吧！」

小兒子：「是的。」

禪　師：「所以這樹到底有多少枝幹並不重要，只要知道樹有枝幹，而枝幹依附主幹，這樣就行了。不要去算樹上的枝幹有多少，不僅浪費時間，還毫無意義，記得不要用這種方式來了解事情。」

小兒子：「我好像稍微理解了，禪師您是說，不管在修行時，被稱為奢摩他（samatha，止）或毘婆奢那（vipassana，觀）都不重要，只要是修習法（Dhamma）就夠了，是嗎？」

禪　師：「沒錯！不要拘泥於修行法的方式。但我也得提醒你，你必須從你的心開始修習，所以心必定會接觸外境，而有些外境能使心歡喜，有些外境則使心悲傷，那個接觸外境的心，使我們陷入苦樂、是非，心沒有任何形相，但我們認為它是有形的，但心只是『名法』而已。」

小兒子：「那善有形相、惡有形相嗎？苦與樂呢？我們找得到或看得到嗎？」

禪　師：「這些都是『名法』，不能拿來跟物質比較，雖然它們沒有形相，可是我們也會知道它們的存在。接下來，我會告訴你名法與色法的關係，你對這兩者有何了解？」

小兒子：「我知道『名』與『色』彼此相依，我們要用名法去思考色法，用心去觀察色身，因此我們應該從『心』開始修行，讓心平靜，保持覺知。」

禪　師：「對！如果你心能覺知，就會平靜。但你要知道，有些人的心沒有覺知，只想保持平靜，就無法覺知任何事物，如果沒有覺知的心，你能做什麼呢？」

小兒子：「如果沒有長，就沒有短；如果沒有對，就不會有錯。所以我們沒辦法只要對的，不要錯的嗎？」

禪　師：「假如你只取對的，在短時間內，它會再犯錯，對的導致錯的，而我們就會不斷在對與錯之間選擇，而不去尋求『非對也非錯』。要是只知道對與錯，就會對超越善惡一無所知。你看過刀子，也拿過刀子吧！」

小兒子：「是，有用來切水果之類的，雖然我很常切到手，做什麼都做不好。」

禪　師：「刀子有刀鋒、刀背和刀柄三個部分，你可以只拿起刀鋒？或只拿起刀背或刀柄嗎？」

小兒子：「不可能的，這樣根本不能使用，還可能會受傷，受傷……很痛的。」

禪　師：「所以拿刀子時，這三個部分會同時拿起。同樣的道理，就算你把好壞分開，只要好的，但壞的必定相隨，若只願意尋求好的，而丟棄壞的，就無法圓滿。」

小兒子：「如果我取善的、好的，惡的、壞的也會隨之而至？所以修行法時，苦與樂相隨，善與惡也相應。」

禪　師：「假設你有小孩，那對你的孩子就不可能只有愛而沒有討厭，如果是這樣，沒有人會有孩子。要知道，愛與厭是彼此相伴的，如果有了愛，恨也隨之而來，因此當你決心修行法時，要有智慧，因為愛恨、好惡是相伴的。」

小兒子：「雖然我沒有孩子，但我倒是有個姪子，睡著時真是可愛的天使；但醒來就是個愛搗蛋的惡魔，完全跟不上他的活力，常讓我懷疑自己是不是老了。」

禪　師：「太誇張了！不過無論是孩子、情人、好友，總是會有喜歡和討厭的地方，不是嗎？」

小兒子：「禪師是在安慰我一定有哪裡值得被喜歡的地方嗎？」

小兒子：「所以⋯所以我們必定無法只想要善的嗎？」

禪　師：**「如果你只執著於善的，就會迷失在其中，太過美好的事物，將不再美好，他們將會開始變壞**，這樣根本毫無進展。」

小兒子：「我們修行要從心開始，訓練心讓心變得清淨，但要多清淨呢？」

禪　師：「這問題很好，你不能因為心是善的，覺得夠清淨了便停止。真正的清淨，應該超越善惡，甚至超越清淨，做到了，才是修行結束的時候。」

小兒子：「我們打坐，只能獲得暫時的平靜？」

禪　師：「當然，當你的心平靜時，問題就出現了，如果有了問題，就能知道問題、調查情況、追蹤問題和論斷問題。如果你的心只是空白一片，那是沒有用的。有人教過你禁錮心嗎？」

小兒子：「有的，我有學過，所謂禁錮心的平靜肯定是真正的修行。」

禪　師：「不對！心的平靜不是這種方式，心的平靜應該是沒有快樂也沒有痛苦，是『捨心』。」

小兒子：「咦？可是……之前那位大師是那麼告訴我的！」

禪　師：「我以前也這麼想過，但是只要快樂，不要痛苦，結果也只會把快樂變成不愉快，因為苦樂是相伴而生的。只有既不痛苦也不快樂時，才是真正平靜的時候。剛剛不是就講過了，拿著刀的時候，不是應該刀鋒、刀背也必須拿起嗎？」

小兒子：「是像樂極生悲、否極泰來一樣嗎？」

禪　師：「有點類似，比較像是光明與黑暗相伴而生，有光就有影，有影就有光。」

小兒子：「所以我只要打坐就好了？」

禪　師：「只有以正確的方式來訓練心，才能使心明亮，並增長智慧，但絕對不要認為只要打坐就行了，很多人會認為禪修就是打坐，但這也只是一種修定的方式，如果心非常專注有定，那行走時有定、打坐時有定、站立時有定，無時無刻都有定，這才是修行。」

對於修行，小兒子似乎開始有了體悟，原本講話有時還有點結結巴巴的他，在與禪師對談中，也慢慢開始能明確表達自己真正的想法。

小兒子：「那麼禪師，我是否該先想辦法改變我的惡業，再回來禪修？這樣感覺會比較容易專注，比較能讓惡業消失。」

禪　師：「不能這樣想！」

小兒子：「咦？為什麼？」

禪　師：「當心不平靜時，我們不想打坐、不想禪修；當心受苦時，我們不想了解心；當心愉快時，我們不想觀察心，但這就是學習，一旦放棄，我們就像翹課一樣。」

小兒子：「咦？我…我沒有想偷懶的，我只是想等一下再……」

禪　師：「這就是一直想著改天再做的人，敷衍別人，也敷衍自己。」

小兒子：「……」

禪　師：「當心不平靜時，不想打坐、不想禪修，那你什麼時候才打算讓心平靜？」

小兒子：「…對不起。」

禪　師：「知道就好，我們必須隨時觀察心念的改變，要知道，心就像這樣，一會兒想東；一會兒想西，這是心的本質。一旦認識心的本質，我們就知道心一直在變，並了解何時心念是善的；何時心念是惡的，假如我們了解這點，那麼即使有念頭生起，一樣能住於定中。」

小兒子：「所以我得隨時了解我的心，而不是等它靜下來？」

禪　師：「如果我們知道心在做什麼，那我們不就不會容易被激怒或使心散亂了嘛！」

小兒子：「恩……可否舉個例子呢？禪師。」

禪　師：「好吧！你家裡有養過寵物嗎？貓咪或狗之類的。」

小兒子：「有的，我鄉下老家有一隻拉不拉多犬，每次回家時，都會最先衝出來迎接我。」

禪　師：「你家拉不拉多犬乖嗎？」

小兒子：「還好，我很喜歡帶牠出去散步，只是牠有時候會莫名其妙地暴衝，把我拉著跑。」

禪　師：「還有隨意大小便，亂撲人，喜歡裝可憐來逃避責罰。」

小兒子：「是啊！有時候會這樣，但是狗狗不都是這樣嘛！」

禪　師：「是的，狗都會這樣做，所有了解狗的，與養過狗的人都知道，這是狗的天性，所以我們不會因此而生氣。」

小兒子：「當然。」

禪　師：「但對於不了解狗的人來說，就不一樣了，他們只會覺得別人家的狗怎麼都跟自己家的狗不一樣，並為此而憤怒。」

小兒子：「真的很過分！前陣子我才親眼看到有人把自家的狗趕下車後，就揚長而去，真的太沒品了！這些人擅自決定收養後又自己放棄，很不負責任。」

禪　師：「假設現在有兩隻狗，你家裡有一隻，我這裡也有一隻，當你在家時，這隻狗喜歡煩你，即使你上班很累了，牠還是會強迫你陪牠玩。」

小兒子：「有時候很累的話，是會感覺挺煩的，甚至還忍不住罵牠，但我也知道是自己不對。然後我們兩隻狗不一樣嗎？你家的狗比較安靜的意思？」

禪　師：「不！我家的也一樣，沒辦法安安靜靜地待著，也喜歡跑來跑去。我們的狗是同一種，但你了解狗的習性，所以知道不管在哪裡，狗都會這樣，你了解狗，所以不會因此而生氣。」

小兒子：「是的，我不會因此對牠生氣的。」

禪　師：「但如果假設你是不了解狗的，那你看到狗在家裡亂跑，並打翻東西、隨意大小便時，你就會生氣，你會生狗的氣；但了解狗的人知道，不管是在自己家，或是在別人家，狗都是這樣。只要了解狗是什麼樣子，就能夠平靜下來。」

小兒子：「原來如此，追根究柢都是了解與否的問題。如果早就知道狗會這樣，先做好心理準備，真的看到時，就不會怎樣了。」

禪　師：「對！在內心平靜時，就算狗在你面前隨意大小便，你可能都不會受影響；但當你不了解狗，而被牠們的行為舉止激怒時，你就會變得跟狗一樣。」

小兒子：「咦？跟狗一樣？」

禪　師：「我們必須了知外在的事物，觀察外在的事物，有些我們或許喜歡、或許不喜歡，但那又如何？那是他們的事。」

小兒子：「就像了解狗一樣？」

禪　師：「是的，我們了解外在的事物，知道他們是有為法，有些我們喜歡或不喜歡，但我們必須了知他們，當我們了解他們時，就把他們放下，因為外在事物是無常、苦、無我的。」

小兒子：「即使他們改變，也要繼續觀察他們嗎？」

禪　師：「當然，無論你在哪裡，當你的眼、耳、鼻、舌、身、意識接觸外在的事物時，觀察他們，就像觀看狗一樣，沒什麼大不了的。」

小兒子：「那為什麼當所緣境出現時，要觀察、追逐他們呢？」

禪　師：「外在環境是無常的，就算現在是這個樣子，有時候也會回到以前的樣子，他們透過改變而存在，而我們也是透過改變而存在。我們都透過呼與吸的交替而存活，但你曾試過只呼氣而不吸氣嗎？能持續很久嗎？」

小兒子：「沒辦法持續太久，要吸氣才能呼氣，要呼氣才能吸氣。」

禪　師：「當你出門前往寺廟時，如果一直都是停止呼吸的狀態。」

小兒子：「不…不可能吧！我早就死了，人是沒有辦法失去氧氣的。」

禪　師：「所以外在事物也是一樣的，他們一直在那裡，若是不在那裡，你就無法增長智慧，如果沒有錯誤，就不會有正確。在你發現錯誤前，你就必須是對的；或是在你是正確的之前，你就必須是錯誤的，事情通常必須如此，我們才能如此明辨是非、增長智慧。」

小兒子：「所以不管是對的，還是錯的，我都必須學會觀察，不論我的惡業是否存在，我都需要禪修？」

禪　師：「你還是學生的時候，總是有不喜歡的課程吧！」

小兒子：「…是的，我實在討厭英文課，我總是背不起來單字。但是父親小時候沒錢上學，所以總是希望我和大哥能考個好學校。」

禪　師：「是否會有不想上課、不想面對，更連看都不想看到的情況？這就叫做翹課的學生。」

小兒子：「可是…雖然討厭，但我還是有乖乖去上課。」

禪　師：「但你並不願意去了解與面對它不是？之前有說，當你了解狗的習性後，狗就無法再干擾你；那如果你了解了英文，它對你也不是什麼問題。」

小兒子：「這樣聽起來好像挺有道理的，但是，英文…」

禪　師：「修習法也是一樣的，法並非遙不可及，而是與我們同在。『法』並非神明或外靈之類的事物，而是與你現在的所做所為有關，你的問題即是法的問題，如果你看書時出現了問題，這問題即是法的問題，以此而觀察自己。」

禪　師：「我們有時快樂，有時痛苦；有時愉悅，有時生氣；有時你愛他，有時你討厭他，這就是法。」

小兒子：「那我該如何了解『法』呢？」

禪　師：「你必須先了知外在的事物，只有當你了知他們時，你才能把他們放下，因為他們是無常的，這樣你就能輕安自在。」

小兒子：「無常是指外在的事物會改變的意思？」

禪　師：「是的，因為無常，所以當發生某件事情時，你會輕安自在，就像你看到你家的狗，和看到我家的狗一樣，都能不受影響，因為他們同樣是狗，而你不會對這件事有任何疑惑。」

小兒子：「如果一切都是無常，那當我了解法後，我就能放下外在的事物嗎？」

禪　師：「當然，你會知道所有事物都是一樣的，他們是無常的，這也就是法。凡是瞭之無常的人都知道這是事物的本質，是不會改變的，如果你知道他們是無常的，你會自動放下這些事物，不用緊緊地抓著。」

小兒子：「就像佛陀曾說的：『接受這個事實』？」

禪　師：「你還記得這個，很好！我告訴你個小故事。假設你朋友送了你一個玻璃杯，它非常漂亮，而且沒有任何破損，你很喜歡它，希望能留傳給後代子孫。於是你跟所有人說：『不要打破我的玻璃杯。』這樣的話，這玻璃杯就不會受到破壞嗎？」

小兒子：「應該不行，不怕一萬，只怕萬一。誰知道會不會有地震，把它震碎；或是有動物撥弄它，使他被打碎，而且我那麼粗心大意，說不定會失手打破。」

禪　師：「是的，更何況，即使現在沒被打破，你能保證以後永遠都不會被打破嗎？如果你不會把它打破，你也不能保證別人絕對不會去碰它，不是嗎？」

小兒子：「那佛陀呢？如果他有玻璃杯的話，總不會被打破吧！」

禪　師：「你剛不是說了？『接受這個事實』。要知道，當佛陀使用玻璃杯時，他會觀察這個玻璃杯，並且知道他隨時會被打破，當你拿起杯子、放下杯子時，佛陀會告訴你它隨時會毀壞，佛陀就是這樣來了解事物。當時間到了，這玻璃杯就破了，但沒關係，為什麼？」

小兒子：「因為早就知道會有這一天？已經做好準備了，在被打破前，就已經知道它一定會被打破。」

禪　師：「是的，佛陀就是以這種態度來使用玻璃杯的。如果有一天，這個你很喜歡的玻璃杯被狗打破了，或被你朋友打破了呢？會生氣嗎？」

小兒子：「應該會吧！如果是很喜歡、很重視的東西的話。」

禪　師：「所以無論是誰打破，你的反應都一樣，都會覺得生氣，因為你已經把自己的水壩築起來了，讓水無法流動，一個沒有洩洪道的水壩，是會決堤的，所以，當你築壩時，必須做一條洩洪道，來避免水位太高的問題。」

小兒子：「如果我一直在意玻璃杯的事情，總有一天，就可能和水壩決堤一樣，但如果我從一開始就了解玻璃杯是會被打破的，等到真的被打破那天來臨，我就能馬上接受這個事實！」

禪　師：「這就是佛陀了知無常的意思，而無常是事物的本質，當你以這種方法觀察事物時，你就能自在、平靜，這就是修行法。當我們真的了知一切事物都是無常時，那麼我們所看到的就是確定的。」

小兒子：「那我能以何種方式知道這是正確的？」

禪　師：「確定他們是無常的，當你了解這點，你就了解佛陀，你會禮敬佛陀，禮敬法。只要你不脫離佛陀，你就不會受苦，但一旦你捨離佛陀，你就會立刻受苦，一旦你捨離無常、苦、無我的法則，你就會受苦。」

小兒子：「如果我更認真修行，苦是否就不再生起呢？」

禪　師：「如果你非常認真的修行，痛苦就不再生起，就算痛苦生起，你也能輕易地捨棄它，因為你已經找到苦因。由於一切的事物都會敗壞，當你敗壞時，痛苦會生起，當你知道這是導致痛苦的原因時，你必須觀察它，這是無常。」

小兒子：「所以無常的事物是苦因？那我們如何斷除苦因呢？」

禪　師：「就像是剛剛說的玻璃杯，一旦破了，苦會生起，你會生氣，我們知道這杯子破了是苦因，所以我們要斷除苦因。如果我們能預知這個杯子遲早會被打破，即使它還沒破，苦因已經止息，當沒有任何苦因時，苦就不再生起，因為苦因已經止息了，這就是『滅』。」

小兒子：「聽起來很複雜。」

禪　師：「簡單來說，只要能捨離苦，就已經能斷除苦因。觀察苦的因，不要偏離身、語、意，就在身語意上下功夫，觀察他們，從觀察你的心開始。」

小兒子：「所以我修行的基礎該從哪下手？」

禪　師：「從受持五戒來做為你修行的基礎，不用刻意去研究經藏，好好受持五戒，並小心地遵守它們。或許你剛開始會犯戒，但當你覺察到時，就趕快停止，再回來受戒，或許你中途會迷失，又再度犯錯，當你覺察到時，再回頭就好。」

小兒子：「那我們就是這樣培養正念嗎？」

禪　師：「對！只要不斷培養正念，你的正念會越來越強，就如同水壺裡倒出來的水一樣，如果我們將水壺稍微傾斜，水會一滴滴的往下滴落；若是再傾斜一點，水會低得更快；但如果你再更傾斜一點呢！」

小兒子：「就不會是水滴，是水流。」

禪　師：「水會像河水般流出，而不會再有水滴，那水滴去哪了呢？」

小兒子：「恩…沒有去哪，就是變成那條河水。」

禪　師：「法就像這樣，因為沒有任何形相、顏色、形狀，所以只能藉由譬喻來解說法，除了透過這樣來比較，就沒有方法可以了解它，如果你了解了它，也就了解了法。」

小兒子：「聽起來『法』似乎離我們不遠的樣子。」

禪　師：「當然，它始終與我們同在。仔細觀察，一會兒快樂，一會兒悲傷；一會兒滿意，一會兒生氣，這都是法啊！」

小兒子：「那是怎麼產生苦呢？」

禪　師：「當你做了會產生苦的事。起初你並沒有清楚了解，但當你了解了事情本末後，就不會再受苦。苦因已經解除，一旦你去除了苦因，不再讓它出現。苦就不會再生起。」

禪　師：「若痛苦還在，你還不了解苦因，就必須忍耐，再觀察一下，看看哪裡出現了問題，了解苦因在哪裡。如果你能清楚知道，就不會再痛苦，因為『因』已經不存在了。」

小兒子：「所以如果我很痛苦，就表示苦還在嗎？」

禪　師：「一半對，無論是苦是樂，都不重要，觀察所有事物哪裡出了差錯，一直探究，無論你在做什麼，如果你有正念正知，保持警覺，你就會知道對與錯、苦與樂，也會知道如何止息苦，也就不會有任何痛苦，也不會再受苦。」

小兒子：「那太好了！我可以趕快將關於『法』的事告訴大家，以後就不會有任何痛苦，也不會再受苦。」

禪　師：「這很好，但你要注意，千萬不要對『法』走火入魔！」

小兒子：「走火入魔？」

禪　師：「我以前就曾經遇到這麼一群人，他們會想盡辦法讓人聽從他們談論佛法，並希望能透過佛法來幫助整個世界。」

小兒子：「這樣不好嗎？我也希望自己能對這個世界有點幫助，一直做個家裡蹲，感覺都快變成沒有用的廢人。」

禪　師：「立意是好的，但是不要過了頭，搞得像中二病一樣，天天希望能征服世界。」

小兒子：「中二病又是什麼？跟傲嬌好像的感覺。」

禪　師：「竟然還沒忘記那個詞啊！」

禪　師：「那不是重點。我們在吃喜歡的食物時，會覺得高興而且滿足，但如果天天吃呢？」

小兒子：「那應該就沒有原來的感覺美味了吧！」

禪　師：「是的，無論你有多麼喜歡都不重要，你必須要調整你的心態，並了解這就是無常。」

小兒子：「那我該怎樣才能避免走火入魔，打坐嗎？還是禪修？」

禪　師：「你只要仔細觀察就好，要知道一切的事物都必須有所變化，你必須敞開心扉去接觸不同的事物。」

小兒子：「我要持續禪修到什麼時候？啊！我不是想偷懶，只是想先了解。」

禪　師：「禪修不只是坐著，你如果覺得昏昏欲睡，就改變一下姿勢，別那麼死腦筋，若你真的想睡，也可以去睡一下。」

小兒子：「咦？可以睡嗎？這樣好嗎？感覺不太好。」

禪　師：「要是你一睡不起，才是真的冒犯，只要你一醒來就立刻起床，不貪戀床鋪，就能繼續有智慧，且有正念正知的修行。」

小兒子：「有智慧是表示有所覺知，那我們必須要有覺知嗎？」

禪　師：「當然，你不能沒有覺知，不能只知道片面，而必須全面的覺知，就像在一個圈裡，你知道全部的事物，他們來自何處、立場如何、會發生什麼事情⋯等，當你有這些心態時，你就會觀察，並做好準備。」

小兒子：「那我在走路、坐下、躺著的時候，都能觀察外境嗎？如果外境有所改變呢？」

禪　師：「可以，你知道諸行無常，所以即使外境改變，你也不必哭，你的心會平靜下來；也不要追求快樂，因為不久快樂會消失；也不用追求平靜，因為平靜的心不苦不樂。」

小兒子：「你前面曾說，修行該從觀察自己的身和心開始，觀察它們什麼？無常嗎？不確定嗎？所以假設我很喜歡一樣食物，我就必須先告訴自己，無論喜歡什麼，都是可能改變的嗎？」

禪　師：「如果你不喜歡某樣東西，你會因此受苦；如果你喜歡某樣東西，卻無法如願以償時，你也會受苦，所以當你喜歡任何事物時，都先在心裡告訴自己『這是不確定的！』，每天、每次如此，你肯定會見『法』。」

小兒子：「我不太懂，所以我不能確定的喜歡或討厭任何事物，因為我會受苦？那我要怎麼讓這些慾望消失呢？或是不再生起之類的。」

禪　師：「任何姿勢都會生起慾望，所以你躺下時，慾望會生起；奔跑時，慾望會生起；坐下時，慾望會生起，你在任何時刻都可能會有慾望，這就是我們必須以四種威儀修行的原因。」

小兒子：「那我修行時，該怎麼保持覺知，告訴自己一切都是無常呢？」

禪　師：「當你坐下，讓心平靜下來時，有念頭生起，這時就警告自己，這不過是不確定的東西，想當然，接著會有另一個念頭又生起，這樣持續下去，會使你全身發癢，想離開、放棄，但當遇到這些問題時，你就必須肯定的告訴自己：無論什麼在心中升起都不重要，只要你堅持『不確定』。」

小兒子：「可是有些事情，我真的很不喜歡，甚至是討厭怎麼辦？」

禪　師：「無論是什麼，他們都是不確定的、無常的，這不是什麼大問題，你可以禪修一段時間再說，無論是什麼樣的念頭生起，這都不重要，告訴自己，這樣就夠了！」

禪　師：「最後問你，你會去尋找『法』嗎？你會在哪裡尋找呢？」

小兒子：「恩…書裡嗎？佛學經典之類的。」

禪　師：「你試圖在書裡尋找『法』，但『法』就在這裡啊！如果你今天受了苦，就去觀察自己為什麼受苦，可能因為你的玻璃杯被打破了，就是受苦的原因；或是原因出在你的家人對你說了不好的話，這些事情都取決於你，如果你能以這種方法來觀察事情，你的心就會平靜下來。」

禪　師：「你見過流水嗎？」

小兒子：「見過。」

禪　師：「那靜止的水呢？」

小兒子：「也見過。」

禪　師：「如果你的心是平靜的，就會像靜止的流水一樣。」

小兒子：「靜止的流水？它是會流動還是靜止？」

禪　師：「你只見過靜止和流動的水，沒見過靜止的流水吧！它就在那裡，就在你的念頭無法帶你去的地方，此處心是平靜的，但仍然可以增長智慧。當你觀察你的心時，這心就像流水一樣，它看起來是靜止的，但又像在流動，因此被稱為靜止的流水，也是智慧生起的地方。」

小兒子：「原來如此。」

小兒子：「謝謝您，禪師。我真是受益良多。」

禪　師：「不會，回去時順便幫我跟你父親問聲好。」

小兒子：「沒問題，我會告訴他禪師有稱讚他傲嬌這件事的，他一定會很高興，禪師再見。」

禪　師：「咦？你怎麼還記得這事啊！等…等等，回來啊！」

第 4 章

毒舌的撲克臉貴公子

小兒子雖然依舊家裡蹲，但跟以前比起來，更願意出門與別人對話，和以往給人的感覺慢慢變得不太一樣。從以前就認識他多年的貴公子，雖然臉上依舊毫無表情，但也對他的變化感到欣慰與好奇。

貴公子雖然家裡有錢，長相俊秀，課業與運動神經都在常人水準之上，但卻因為面無表情的撲克臉與講話毒舌，很少有人願意跟他做朋友。聽到好友求法的經驗，對佛法略有研究的貴公子，雖然佩服禪師能把一個家裡蹲調教成如今的模樣，但還是有些不太相信，於是貴公子決定也去找禪師討教討教，不過在這之前，他得先確認這名禪師是否真材實料。

貴公子：「你好，請問你是住在這裡的禪師嗎？」

禪　師：「是的，請問有什麼問題嗎？」

貴公子：「有些關於佛法的問題想討教討教。話說，真沒想到這種破爛地方還有人待得下去。」

禪　師：「破爛地方…也沒那麼差吧！」

貴公子：「你該慶幸這裡比較少有地震或颱風，不然我看哪天就只能去垃圾堆找你了。」

禪　師：「這人長得人模人樣的，怎麼講話那麼欠扁。」

貴公子：「話說，我最近剛領悟了一件事情，這個世間的萬物皆由我們所創造，創造後，我們在其中迷失，拒絕放下，並執著於個人的觀念和看法，這種執著從未結束。」

禪　師：「這是生死輪迴，是無止境的流轉，沒有結果。」

貴公子：「那麼你覺得解脫是什麼？而『法』又是什麼呢？」

禪　師：「如果我們了解世俗諦，我們就會知道解脫；如果我們知道如何解脫，那麼我們就知道世俗諦，這是知法。以人為例。事實上，人本來沒有名字，我們所有人都是赤裸裸的出生在這世界上的，而我們的名字，是因為世俗的需求才出現的。」

貴公子：「如果我們不了解世間法呢？」

禪　師：「那可能會有害，畢竟世間法是我們為了方便而使用的，若沒有世間法，我們就無法溝通、對談，無言以對。」

貴公子：「前陣子前往西方國家時，我發現西方人禪修的方式與我們不太一樣，當男生、女生同時從禪坐中起來時，有時他們會碰觸彼此的頭。」

禪　師：「這我知道。」

貴公子：「當我看到這時，我就想，如果我們執著習俗，就會生起煩惱；如果我們能放下習俗，拋開成見，就能和平共處。」

禪　師：「的確，我曾在泰國遇過軍官和上校來訪時，會請我碰觸他們的頭，如果他們這樣要求，我會很樂意達成。」

貴公子：「畢竟讓一位受人尊敬的禪師觸摸頭部，這可是吉祥的寓意，看樣子你還算受人尊敬的禪師，雖然看不太出來就是。」

禪　師：「這個就不用強調了。」

貴公子：「但如果是在一般道路上就不一樣了，這是一種侮辱，而且根據泰國的傳統，男女是不可以當眾碰觸彼此的。」

禪　師：「沒錯，這就是執著。」

貴公子：「所以我才覺得放下執著是個和平之道，實際上這沒什麼，當他們同意時，就像碰觸一顆高麗菜或西瓜什麼的一樣，沒什麼問題，但在大街上就是不行。」

禪　師：「是否願意接受、放棄、放下，都由你決定，當你決定放下執著時，事情就會變得更美好。佛陀告訴我們世間法，以及如何以正確的方法捨離世間，以達到解脫。」

貴公子：「所以我們不要執取世間，在這個世界所有的事物都是世間法。如果了解世間法，我們就不會執取他們。」

禪　師：「因為執取世間法會產生痛苦，凡是能放下執著的人，就能解脫苦。」

貴公子：「那時我遇見了以前的同學，我還輕拍了他的頭。」

禪　師：「在大街上？」

貴公子：「是在大街上。」

禪　師：「很難想像你會主動碰別人的頭。」

貴公子：「什麼意思？」

禪　師：「沒有批評你的意思，只是…感覺你身上散發著有錢人氣質，看起來就是不太好接近。」

貴公子：「有這回事？我只是想到常常在電視上看到故友相見，都會以熱情擁抱或打別人頭來表示親熱，所以想試試的。」

禪　師：「…不，這個應該會生氣吧！」

貴公子：「恩，生氣了，雖然笑著跟我打招呼，我卻看得到青筋在他臉上，真是愛計較的人。」

禪　師：「這個絕對會計較的！」

貴公子：「不過也有可能是因為當時旁邊人來人往，他好像正在競選什麼的，掃街拜票中的樣子。」

禪　師：「咦？這已經不是糟糕兩個字可以形容了。」

貴公子：「我後來才知道他正打算競選那個地方的官員。」

禪　師：「那當然會生氣，無論你們是多久的朋友，既然他現在已經是有點名望的官員了，你就必須尊重他，等他回到家，你可以輕拍他的頭，雖然身分一樣沒有改變，但如果你在大眾面前那麼做，就肯定不對，我們還是必須遵守世俗規範才行。」

貴公子：「明明就絕對選不上的。」

禪　師：「這麼說也太滅自己人威風了吧！」

貴公子：「因為我認識他的競爭對手啊！是政治世家第三代，家裡一向形象良好，長得也不錯，還是當地最想成為情人的票選第一名。」

禪　師：「你這又是從哪得知的消息？還有那票選是怎樣？」

貴公子：「稍微請下面的人幫我蒐集的情報，結果後來為了賠罪，我買了朋友很喜歡的那一牌子巧克力，還安慰他第二名也不錯，但結果他好像更生氣了。看樣子每到一個地方，都得了解當地的習俗啊！」

禪　師：「……不過了解各個地方的習俗還是很有用，畢竟活在這世間就必須遵守世間的習俗。」

貴公子：「如果不遵守、不了解，很容易就會冒犯到別人。但這也會讓人很容易執著於習俗。」

禪　師：「別擔心，當我們執著於習俗時，我們就會受苦，但若你了解習俗只是習俗，觀察它們，直到解脫，就不會有任何問題。」

禪　師：「我經常告訴來這裡的修行者，以前我們是在家居士，現在則是僧侶；以前我們是在世間的在家人，現在則是世間的比丘。」

貴公子：「我可不是喔！別把我跟你混為一談。」

貴公子：「啊！我沒有嫌棄你的意思，只是不想跟你擺在一起。」

禪　師：「雖然我已經有點習慣你講話的語氣，但配上那張臉就覺得氣憤難平。而我們修行的原因，就是從所有煩腦中解脫，成為入流者（初果）、一來者（二果）、不還者（三果），乃至阿羅漢，我們就能斷除煩惱，究竟解脫。」

貴公子：「阿羅漢只是一種世俗的稱呼，但確實是真正的僧侶。如果某個人剃度出家，人們稱為僧侶，但並不表示他已經斷除煩惱了，不是嗎？」

禪　師：「我用鹽來做個比喻吧！如果我拿一把沙，然後請所有人同意稱它為鹽，那它是鹽嗎？」

貴公子：「當然不是！你以為你能指鹿為馬嗎？趙高？」

禪　師：「我只是做個比喻，並不想當太監。」

禪　師：「可是大家都同意它是鹽了不是？」

貴公子：「可是它嘗起來不是鹹的，也不能當作調味料。更重要的是，組成成分也跟鹽完全不一樣，任何一位有點科學知識的人都不會犯這種錯誤的。」

禪　師：「我不該用這個當例子嘛⋯⋯」

禪　師：「總之，稱它為鹽只是名義上，而非事實，我們沒辦法拿來煮菜，也不能吃進去，畢竟它不是真的鹽，是大家同意後才稱之為鹽，這是一種約定俗成的世間法。」

貴公子：「但『解脫』這個詞本身也是種世間法，我們仍須使用世俗語言來稱它。」

禪　師：「若沒有世間法，我們就無法溝通，所以世間法還是確實有它用處的。」

禪　師：「如果沒有名字來做區分，我們在找人時就算大喊著『人！人！你在哪？』也不會有任何回答，所以透過名字來溝通，是世間法的作用。」

貴公子：「你讓我想到個笑話，某天魔王試圖欺負公主時，公主大喊著救命，魔王則得意的笑說：『你就算叫破喉嚨也沒有人會來幫你。』」

貴公子：「於是公主叫破喉嚨後，『沒有人』就來了。」

禪　師：「……」

貴公子：「…呵呵…？」

禪　師：「……我們繼續吧！」

貴公子：「你真沒幽默感。所以要怎樣了解世間法和解脫，與他們和睦相處呢？」

禪　師：「沒有人說你頂著那張撲克臉講笑話，會讓人笑不出來嗎！」

禪　師：「世間法有它自己的用途，實際上並沒有任何實體，而人也一樣，是由多種元素組成，由因與緣所生起，倚靠外援而發展，存在一段時間後便會壞毀，這無法避免，我們也無法控制它，這就是世間法。」

貴公子：「能舉個例子嗎？」

禪　師：「舉錢為例，以前是沒有鈔票的，大家都用以物易物的方式來交換貨品，但這些貨品並不易保存，所以我們製造錢幣、鈔票來購物，或許我們也可能會有另外的東西來取代錢幣、鈔票，可能是鐵片、橡皮筋……等，那麼未來，大家可能會為了橡皮筋而打仗，互相殘殺，也不一定。」

貴公子：「為了橡皮筋打架，聽起來好蠢。」

禪　師：「如果你這樣想的話，那世界上會有人為了錢打仗也很沒意義啊！那東西總歸也只是一張紙罷了！」

貴公子：「所以這世界上都是蠢人啊！所謂的黃金或鑽石也只是種礦物，是一種石頭罷了！」

禪　師：「如果所有人都能理解這件事的話，就世界和平了呢！」

禪　師：「……」

貴公子：「……」

禪師、貴公子：「「不可能啊！」」

貴公子：「所以你剛所說的，就是一種約定俗成的意思？紙幣、橡皮筋等，本身並沒有價值，會被當成貨幣使用，是因為此件事在眾人面前達成了協議？」

禪　師：「沒錯，當某項事物在大眾中達成協議，那麼就會約定俗成的滿足大眾的需求，這就是世間法。」

貴公子：「那要讓一般人從世間法解脫可真難啊！畢竟從世間法上來說，我們的家、家裡的財務、孩子、家人，都是屬於我們的，但透過『法』的觀點卻完全不一樣。」

禪　師：「事實上，我不太贊同這種說法，他們並非真正屬於我們的。而且只有透過已建立的世間法，才會有所價值；若如果我們所建立的世間法沒有價值，那麼它就真的沒有任何價值。」

貴公子：「所以，如果我們知道如何善用世間法，這些世間法就是好的。」

禪　師：「就像這個身體也並非真正屬於我們，我們只是這麼認為，而這也真的只是一種想像。在身體裡是找不到自我的，只有四大元素組合而成，但持續一段時間後，會壞死，一切的事物都是這樣的。」

貴公子：「所以即使身體必定會衰敗，我們也必須盡力保護它。」

禪　師：「你聽過四資具嗎？」

貴公子：「聽過，飲食、衣物、臥具、湯藥不是？你們出家人應該每天觀察這四資具吧！」

禪　師：「只要我們活著，就必須依靠他們去維持修行，但不要執取，也不要生起貪愛。知道佛陀為什麼要我們經常觀察四資具嗎？」

貴公子：「是為了讓我們了解四資具是維持我們身體所必需的，只要我們活著，就不能缺少這些東西，而佛陀曾說過：『我們一輩子都需要這四資具，但不要對他們產生執著。』」

禪　師：「如果我們缺乏任何一種，就無法禪修、無法唱頌，也沒辦法深思，所以**我們還是必須仰賴他們。只是我們不應執取，也不要迷戀世間的事物。**」

貴公子：「四資具是用來維持生命的，等到時間到了，我們還是必須放棄他們。」

禪　師：「就像杯子一樣。」

貴公子：「杯子？是說將來一定會被打破的杯子嗎？」

禪　師：「沒錯，平常就好好照顧它，畢竟是每天都會用到的東西，但如果哪一天打破了，也沒關係！」

貴公子：「就順其自然吧！反正杯子再買就有了，何必執著。」

禪　師：「就用這種心態去觀察四資具，他們的確是出家人的必備品，但不要執取四資具而產生貪愛，而因此受苦，畢竟我們只是為了維持生命而使用他們。」

貴公子：「這讓我想到世間法與解脫的關聯。」

禪　師：「雖然我們使用世間法，但不要認為他們是真實的，他們只有在世俗的層次上是真的。」

貴公子：「如果我們執取他們，而且我們不知道他們是無常的呢？」

禪　師：「那痛苦會生起。有些人把錯的認為對的；把對的認成錯的，但誰對誰錯，誰又知道呢？」

貴公子：「所以關於什麼是對的、什麼是錯的，不同的人都有不同的看法，不要執著。」

禪　師：「這種對錯的爭論是沒完沒了的，難怪佛陀會擔心我們去辯論。」

貴公子：「要是他說『對』，你說『錯』，那個人說『對』，這個人說『錯』，那
實際上我們怎們可能知道是對還是錯呢？但在實用的層次上，我們大可說
那『對』的不會傷害自己，也不會傷害別人，這種世間法是有用的。」

禪　師：「世間法和解脫都是法，不過一個比另一個境界高。」

貴公子：「因此佛陀說『放下！』是因為？」

禪　師：「因為它是無常的，所以無論我們多麼喜歡某件東西，要知道這是不確定
的；無論我們多不喜歡某件東西，也該了解這是無常的。」

貴公子：「之前有聽到別人在爭論——為什麼旗子會在空中飄揚？」

禪　師：「是因為有風嗎？」

貴公子：「其中一個人是這麼說的，但另一個人說是旗子在動，然後又有人反駁說
是因為風吹，所以旗子才飄動的。」

禪　師：「接下來該不會有人突然說是因為你的心在動吧！」

禪　師：「這種跟先有雞才有蛋，還是先有蛋才有雞的問題不是一樣嘛！」

貴公子：「人總是喜歡根本就無法得到結論的東西。」

禪　師：「所以我們必須了解世俗法、世俗諦，了解這些事物的本質，才會知道他們是無常、苦和無我的。」

貴公子：「但教導別人去了解，是一件很困難的事情。就算我想告訴他們事實，他們也不願意相信，甚至覺得我錯了，也不知道真的錯了的蠢材是誰，一群蠢貨。」

禪　師：「畢竟人有各式各樣的想法，繼續爭辯下去也是沒完沒了。」

貴公子：「但他們若是不肯放下，就會受苦，我只是好心想幫他們指一條康莊大道罷了，我可不希望這世界上的蠢人越來越多。」

禪　師：「我想不會有人認為你是好心，如果你還是頂著這張臉，這樣說話的話。」

禪　師：「我告訴你個故事：現在有四個人進入森林裡，突然，他們聽到雞叫聲，其中一個想知道那到底是公雞還是母雞在叫？而另外三位則異口同聲的說：『是母雞在叫』，但那人不同意，他覺得母雞不會那麼叫，所以堅持說是公雞在叫。但三人卻反駁他，並覺得是母雞在叫，他們因此爭論不休，甚至吵到快要打起來，但事實上，是公雞在叫。」

貴公子：「無論是公雞還是母雞，都只是名稱不是？」

禪　師：「沒錯，如果你問這隻雞，是公是母，牠也不會回應。我們建立這些世間法，認為母雞就該這麼叫；公雞就該那麼叫，在這世間上，我們是如此執著世間法。」

貴公子：「也只有在世間法的範圍裡，會分成一邊錯誤、一邊正確，而且彼此不同意對方，並因此而爭論不休。」

禪　師：「所以佛陀教我們不要執著，而我們必須修『放下執著』，用敏銳的智慧去觀察，才能真正做到不執著。你剛說你想讓他們擺脫苦，但能否擺脫都取決於他們自身的智慧，而非愉快或悲傷，滿足或不滿足，也非取決於他們擁有多少，要知道，只有透過智慧和透過觀察事物的實相，才能超越所有的痛苦。」

貴公子：「所以佛陀才教我們去觀察、去禪修。」

禪　師：「生、老、病、死是最自然最常見的事，那佛陀為何教我們去思考生老病死呢？」

貴公子：「若我們一味地觀察這些事情，就會逐漸解決這些問題，雖然我們仍有執取，但如果我們能有智慧地去觀察生、老、病、死是自然之道，我們就能減輕痛苦。」

禪　師：「是的，我們修行的目的，就是為了治苦。有些人不了解為什麼要去思考生與死，他們出生，但不知為何而生；他知道死亡的存在，卻不知道死後的去處。」

貴公子：「這就是為何佛教的基本教義不多，只有苦的生起和止息。」

禪　師：「這也是為何這些會被稱為真諦，生是苦，老是苦，病是苦，死是苦，若我們不了解生死的真相，我們就會受苦；若我們了解真相，那麼我們就會知道苦。」

貴公子：「關於生死的問題，真的有很多意見。」

禪　師：「沒辦法，眾說紛紜，這些辯論沒有停息的一天。而為了讓心解脫苦，以及讓心平靜，我們應該觀察過去、現在及未來的事情。」

貴公子：「像是生、老、病、死？我們該如何避免這些折磨？」

禪　師：「我們必須仔細觀察，直到我們完全了知實相，所有的痛苦就會減少，因為我們不再執取。」

貴公子：「感謝您的提點，看樣子你勉強算是真材實料的嘛！」

禪　師：「勉強是怎樣，原來你今天是來踢館的嗎？」

貴公子：「沒有，這種破爛地方不用踢就自動倒了吧！我只是怕我朋友被騙了，看樣子我可以稍微放心了！」

禪　師：「可以不要用稍微兩個字嗎？虧你長得人模人樣，嘴巴卻那麼毒，你如果再這樣說話，以後會沒朋友的。」

禪　師：「啊！糟了！」

貴公子：「…我知道，但是我就是不喜歡去附合別人，有話直說很難嗎？為什麼都要戴上假面具，臉笑心不笑呢？看了就覺得虛偽！」

禪　師：「……」

貴公子：「……」

禪　師：「你還記得我們剛討論的東西嗎？這就是『世間法』，即使實質上並沒有任何意義，但它還是有必須存在的價值。」

貴公子：「畢竟我們生活在這世界上，就必須遵守『世間法』。」

禪　師：「多學法，嘗試解脫吧！『世間法』雖然必定要遵守，但也還是有其意義，畢竟它存在的意義，就是讓我們在這世界過得更好。」

貴公子：「我知道，我會試著再多調適的。」

貴公子：「對了，順帶一提，是你教會我朋友『傲嬌』這詞的嗎？」

禪　師：「…我不知道你在說什麼。」

貴公子：「他回去還真的跟他爸說了，他爸爸聽了，真的很高興喔！」

禪　師：「真的假的！」

貴公子：「……果然是你。」

禪　師：「…啊！我忘了今天還沒去澆花，再見囉！」

貴公子：「等等！…跑得真快。」

第5章

急性子的工地主任

今天天氣不太好，估計著應該不會有訪客的禪師，準備在山林四周走走，散散步，不料卻剛好聽到一陣咒罵聲。

探頭一看，才發現一名穿著工作服的男子嘴裡不停罵著三字經，身體卻僵硬得慢慢向後退去，再仔細看，才發現離男子有一段距離的地方，正有條蛇慢悠悠的經過著，而男子在看到禪師後，彷彿見到救星一般地衝了過來。

男　子：「那是一條毒蛇？」

禪　師：「他不會行經到我們這裡的。」

男　子：「你能肯定嗎？萬一真的過來了怎麼辦？我還有很多工作要做，可沒時間在這裡耽擱。」

禪　師：「沒事。」

在兩人的注視下，那條蛇果然如禪師所說，自顧自地往自己的方向離去，而男子也鬆了口氣的坐在了地上。

從男子口中，禪師得知他是附近的一個工地主任，他們最近在幫忙建造一座佛寺，但是眼看完工時間越來越近，他們的進度卻一再拖延，主任越想越焦急，脾氣也越來越暴躁，罵人的次數也越來越多，剛剛跟手下的工人起了口角之爭後，一時氣憤的離開那裏。

主　任：「這位師父怎麼稱呼？」

禪　師：「名字並不重要，你稱我為禪師就好。」

主　任：「喔！禪師，你是怎麼知道那條該死的毒蛇不會往我們這裡走的？」

禪　師：「觀察一條毒蛇，就像觀察我們的感受，如果我們從遠方看，必然不會害怕，即使牠有毒也是，畢竟我們可以先避開牠。」

主　任：「原來觀察真的是件很重要的事。」

禪　師：「當然，我們必須一直觀察、不斷的修習觀禪。當感受受尚未生起時，我們就得開始觀察。」

主　任：「我個人也修習過一點佛法，不然這次也不會接佛寺的工程。你這話意味著，在有感受之前，就必須開始觀察？或當感受已經生起時，才開始？」

禪師：「有感受之前即開始觀察，就像修習死隨念（念死）一樣，但『死隨念』和感受不同，當死神降臨時，你只是死，但這些感受卻在跟你作戰，他們攻擊你，你與他們之間有一場戰爭。所以不管感受從何處生起，都要觀察自己的身與心，因為一切事物都不離身與心。」

主任：「所以所有事物的對與錯都與身心有關的意思？」

禪師：「身與心讓我們感受到快樂與痛苦，他們就像一條鏈子般連接著。」

主任：「我曾聽過一個例子。假設我有個水梨，不管它是酸是甜，我們不吃，只是保存著，就永遠也不知道它的味道到底如何。水梨拿在手上，手不會知道它是不是酸的，也不會知道它是否是甜的。我們聽說它是酸的或甜的，但只把它拿在手上的我們，無法了解更多，因為我們沒有品嘗過它的味道。」

禪師：「這就是修行極其重要的緣故，如果我們已經知道或看到某些事情，卻不去修行，就像是拿著水梨卻始終不肯品嘗一般，毫無用處。」

主任：「事情果然還是要做了才會知道，要是沒有努力過，怎麼會知道工程沒辦法在時限內完成呢！」

主任：「佛陀稱讚那些親自驗證、證悟的人，不稱讚那些只相信他人的人，就是這個意思吧！」

禪師：「是的，修行『法』是非常重要的，如果我們不修行，那我們所有的知識都是膚淺、沒有用的，就像我們拿在手中的水梨，沒有吃，所以不知道他真正的滋味，也沒有任何獲利。」

主任：「就算我們聽到別人說這水梨是酸是甜，也只是我們相信別人所說的，沒有親自品嘗，這個問題就永遠不會結束。」

禪師：「那你知道為什麼問題會結束嗎？」

主任：「恩…因為我們找到了答案？」

禪　師：「沒錯，你品嘗了水梨，完全了解它的味道，你就不會對水梨是甜是酸感到疑惑，你的疑惑結束了，就好比知法、見法，而修行也是如此，我們必須親自去證悟。」

主　任：「所以已經證悟『法』的人，就像已經親自品嘗過水梨，了解它是甜是酸的人一樣，所有的疑惑終將結束。」

禪　師：「當我們談論『法』時，通常會把它分成四諦，你知道是那些嗎？」

主　任：「該死，我要想一下…是了知苦、了知苦的原因、了知苦的結束，以及了知導致苦止息的滅苦之道嗎？」

禪　師：「所以當你了知四聖諦時，你就真的了知苦，知道苦因，知道苦滅，也知道滅苦之道，若我們已經清楚而徹底的了知四聖諦，也知道該如何修行時，我們的問題便會結束。」

主　任：「那四諦從何處生起呢？我是聽說是從我們的身心生起。」

禪　師：「沒錯，別無他處，就像你來到這裡，是帶著身與心來的。」

主　任：「我也不是刻意走過來的。」

禪　師：「這就是緣分，不管你去到哪裡，都是帶著身與心，不是嗎？」

主　任：「那為什麼佛陀把四聖諦講解得那麼廣泛？」

禪　師：「是為了幫助我們了解。佛陀教我們把身體分成不同的部分，讓我們能更仔細觀察身體的所有部份，像是頭髮、指甲、牙齒，皮膚…等，如果我們不了解身體是四大所成，我們將不知苦、不知苦因、不知苦的止息，以及滅苦之道。」

主　任：「所以當我們不知道四聖諦時，我們就不會知道修行的次第。」

禪　師：「你會在這裡聽法，是為了增長智慧，能有了知四聖諦的智慧。四聖諦就在我們的身心生起，這就是佛陀要說法的原因。」

主　任：「原來如此。」

禪　師：「你知道法在哪裡嗎？」

主　任：「法是無所不在的，物質是法，精神是法；身是法，心也是法。」

禪　師：「所以必須知道一件事：我們始終與法同在，而這也意味著我們也與佛同在。」

主　任：「那為什麼我們看不到佛？如果佛與我同在，我就能盡快解決問題了。」

禪　師：「見法即見佛，記得佛陀曾告訴阿難尊者：『阿難！修習，多修習！凡是見我者即見法，凡是見法者即見我。』你知道這意味什麼嗎？」

主　任：「什麼意思？我雖然懂一些佛法，但太深的我就不是很瞭解了。」

禪　師：「我們離法不遠，離佛不遠。你知道佛陀曾經的身分嗎？」

主　任：「這我當然知道。他是一位王國的王子，過著舒適且豪華的貴族生活。」

禪　師：「他在成佛前跟我們一樣，都只是世間的一個凡夫俗子，但他知道自己必須了解四聖諦，而當他修行並證悟到『法』時，他才能開悟。」

禪　師：「因此，當我們證悟到『法』時，無論我們在哪裡，我們都會了解『法』，而當我們了解『法』時，『法』在我們心中，而佛陀也在我們心中。」

主　任：「所以我們不是看不見佛，而是他早就在我們心中了。」

禪　師：「當我們心中有佛、法、僧時，無論我們的行為是善是惡，我們都能清楚的知道，如實了知。」

主　任：「但要是能在規定的時間內完成工程，我們的名聲才會好，才會有更多人願意把工程託付給我們。但那群小兔崽子，老是說太累、太忙，我會如此要求他們，追根究柢也是為了他們好啊！」

禪　師：「你還困在世俗法中嗎？佛陀捨棄世俗的看法，捨離稱譽和毀謗，不管人們是稱讚還是批評他，他都只是如實的接受，其他就不為所動。」

主　任：「如果我也能不為所動的話，就不會跟他們吵起來了，佛陀為什麼能不為所動呢？」

禪　師：「因為佛陀知道，如果他執著於讚美或批評，這就會使他受苦。」

禪　師：「當痛苦生起時，我們必然會感到焦慮、煩躁，這是苦。那痛苦的原因是什麼？」

主　任：「因為我們不知道事物的本質，所以苦會生起。」

禪　師：「當有苦因時，苦便會生起，苦一旦生起，我們又不知道如何止息苦時，又會怎樣？」

主　任：「嘗試找到止息苦的原因吧！我得承認自己脾氣不是很好，特別是性子一急，什麼髒話都罵出來了，要是有人講我壞話，甚至批評我，我就會忍不住衝上前跟他們吵上一架。」

禪　師：「有用嗎？他們會因為這樣，不再批評你、罵你了嗎？」

主　任：「完全沒有，反而因為這樣，我常被人罵暴君、獨裁者，而且導致苦越來越多吧！」

禪　師：「佛陀說：『修習滅苦之道可以止息苦。』這就與我們的心有關。」

主　任：「是修行的意思嗎？」

禪　師：「是的，也就是修心。我們所做的事情、所說的話、所想的內容都不會有人知道，只有我們自己的心知道，所以假設有人稱讚我們，我們會接受，但不會迷失自己；有人批評我們時，我們也會接受，不會迷失自己。」

主任：「如此一來，我們就能獲得解脫？」

禪師：「善與惡是世間法嗎？」

主任：「是的，他們只是心的狀態。」

禪師：「如果我們跟著善與惡隨波逐流，我們的心會成為世間法，不知道如何出離，不知滅苦之道，甚至產生更多的苦。」

主任：「所以我們應該努力征服別人，想辦法贏過別人？」

禪師：「正好相反，這代表你輸給了自己，而我們該征服的，應該是自己才對，只有戰勝自己，才能戰勝別人。」

主任：「所以該怎麼辦？」

禪師：「我們必須控制自己，控制我們所有的名法與色法。」

主任：「名法即心法，那色法是⋯⋯」

禪　師：「有些人只知道外在的事物，卻不知道外在的事物也反映在心上，而他們卻不了解心。」

主　任：「所以佛陀曾教我們：『以身觀身』是表示我們只觀察身體是不夠的意思嗎？」

禪　師：「我們不只要以身觀身，還要觀察心，以心觀心，才能觀察到心的深處。」

主　任：「那為什麼我們要觀察身體？觀察心不就好了？」

禪　師：「只看重心是不夠的，我們還必須觀察身體的內部，要知道，因為我們不知道身體的實相，只看外表，就容易產生執取，因而受苦。」

主　任：「是『身內之身』的意思？有什麼東西在身體內呢？」

禪　師：「仔細觀察皮肉裡的東西，我們會發現許多讓人驚訝的事物，這些東西即使一直存在我們體內，我們始終帶著他們走來走去，我們也從未觀察他們。」

禪師：「你有收過包裝精美的禮物嗎？」

主任：「有的，小時候的生日禮物，爸媽總是包裝得好好的。」

禪師：「通常收到禮物後，我們大多不會直接打開吧！」

主任：「當然，應該等到一個人獨處後，才會打開來查看。」

禪師：「但你並不知道裡面是什麼就拿走了。」

主任：「這不就是為了營造驚喜？」

禪師：「裡面可能是好吃的、好看的，但也可能是危險的，不是嗎？」

主任：「危險的到底是？送禮物的人也太討厭我了吧！我也頂多收到過死掉的老鼠，或被咬一口的蛋糕。」

禪師：「…我覺得你早就被討厭了。」

主任：「沒事，我知道送的人是誰，所以隔天就交代他們要加班。」

禪師：「真狠…」

禪師：「所以我們的身體就像那樣，我們會說他長得帥、她長得挺漂亮的，但我們卻忘記外表其實是無常的，是不完美的，而這世上並沒有不變的實體。」

主任：「那麼你說的內部是？」

禪師：「如果我們觀察身體內部，你會覺得厭惡，不論你放多麼乾淨的東西到肚子裡，出來時都是髒的。」

主任：「你是說身體裡不是屎就是尿，還充滿鼻涕、膿血的意思？」

禪師：「你講得那麼乾脆，還挺讓人噁心的。」

主任：「需要道歉？但是你先提起的吧！」

禪師：「不用。這種厭惡的感覺，不是因為我們厭惡這個世間或其他事物，而是我們的心變清淨，放下了。所以我們如實在觀察這些自然事物。而這些自然事物隨著自然法則生滅，與我們無關，無論我們是哭是笑，他們都不會理會我們，只是緣生緣滅，無常的事物就是無常，不美的東西就是不美。」

主任：「聽起來挺乾脆的，那心呢？」

禪師：「如果我們不觀察心，就不會知道心中的妄念。」

主任：「前面講到的四聖諦？苦、苦的原因、苦的止息和滅苦之道。」

禪師：「全都不會知道，就好像你的背癢了，你會去抓背，而不會去抓腳吧！如果明明是背癢了，卻去抓腳，那我們的癢感是不會停息的。」

主任：「所以當痛苦生起時，我們不知道如何應對，不知道要修行滅苦之法。」

禪師：「只看到色身，就不可能離苦。佛陀說：『當我們的耳朵聽到聲音時，放下，鼻子聞到味道時，放下，身體的感受生起時，放下隨之生起的好惡，身體碰觸外物時，無論是喜不喜歡的事物，放下，不要執取，對名法（心法）亦然。』」

主任：「所有這些事情，無論他們是苦是樂，佛陀的心都不為所動。」

禪師：「佛陀教我們將苦與樂從心中捨離，靠什麼呢？靠禪修。」

主任：「禪修是指讓心平靜下來，當心平靜時，保持覺知，讓智慧生起，不是？」

禪師：「為了讓心平靜下來和保持覺知，我們就必須用身心去修行，用心來觀察色、聲、香、味、觸、法等感官印象。」

主任：「心是能知者，當心沉溺於外在事物時，我們會執取，而這種摭取是心的作用，這代表我們是否該將心拿開，像是佛陀教我們將心與感受分離，是指我們必須把他們放到不同地方嗎？」

禪師：「不！佛陀認為，心必須知道苦與樂的本質。當你入定時，心如何？」

主任：「雖然能入定的機率不高，但心會很平靜。」

禪師：「那此時快樂生起時，心如何呢？」

主任：「不怎麼樣。」

禪師：「那當苦生起時呢？」

主任：「也不怎麼樣，入定的時候，心會很平靜，任何事情都不會干擾到。」

禪師：「這就是把感受與心分開。」

修行者：「原來如此，你是指這個意思啊！」

禪　師：「打坐時，心平靜下來後，當感受生起時，這種感受不會干擾入定的心。」

主　任：「那樂受在心中生起時，我們會執取樂受嗎？那苦受生起呢？我們會受到干擾嗎？」

禪　師：「我們要讓心保持覺知，不要受苦與樂的影響，像是水和油一般。」

主　任：「無法混合，即使將他們裝在同一個瓶子裡，水仍是水，油仍是油。」

禪　師：「這跟心也一樣，心的自然狀態非苦，也非樂，當心有所感時，苦與樂也隨之生起。如果我們有正念，那我們就會知道樂受是樂受，是無常的，覺知的心不會執取樂受。那快樂在哪裡？」

主　任：「就在心外，而不是藏在心裡，心只是清楚的覺知。我們把苦與心分開，那痛苦生起時，我們心不會受苦，但我們還是體驗了，不是？」

禪　師：「是的，我們是體驗了，但我們也知道心是心，感受是感受，我們不會執取這種感受。」

主　任：「佛陀將心與感受分開，那佛陀有痛苦嗎？」

禪　師：「佛陀知道痛苦的狀況，但不受影響，心也不為所動。所以我們說佛陀已斷絕痛苦。」

主　任：「快樂亦然？」

禪　師：「快樂就像毒藥，所以並不會執取快樂，快樂也不會在他的心中。」

主　任：「原來這就是佛陀所說的，將苦與樂從心中捨離的意思啊！」

禪　師：「同樣的，當我們聽到佛陀殺死了煩惱賊，不代表他真的殺了他們。」

主　任：「如果他把煩惱全殺光了，我們不就沒有煩惱了？」

禪　師：「他並沒有殺了煩惱，當他如實了知煩惱時，他把煩惱捨棄。」

主　任：「我曾聽人說，愚蠢的人執著煩惱，但開悟的人會斷除煩惱。」

禪　師：「他們也是把使他們受苦的事物清除，而他們並沒有殺了煩惱。你看到快樂，而快樂是好的，你會執取快樂嗎？」

主　任：「不！快樂是好的沒錯，但快樂並沒有任何實體，也不屬於我的，所以放下。」

禪　師：「沒錯，而痛苦亦然。當痛苦生起時，我們觀察苦受；快樂生起時，我們保持覺知，知道是痛苦、是快樂，但不為所動。」

主　任：「聽起來好難。」

禪　師：「我們在受覺生起前就會去執取，我們有苦有樂，卻不知放下。」

主　任：「這不就是無法斷除煩惱的原因？我即使跟別人比起來，算是有修習到一點佛法，卻還是不能超脫煩惱，總是被那群兔崽子氣得發火。」

主　任：「那我該如何觀察苦與樂呢？」

禪　師：「假設你想搬一塊木板，它很沉重，我們會把它扛在肩上，沉重是一種感受，想搬木板是人的心，那你搬運木板時，會覺得很重吧！」

主　任：「對，這讓我想到之前幫助一間寺廟補屋簷的時候，他們選用的木板真的特別重，還要花上許多天才能完成，那次也是趕工程趕到我快發飆。」

禪師：「如果你有智慧，即使木板很重，你也不會受苦，你會把它放下，若真的很需要這木板，你還是可以繼續搬，不用擔心木板會把你壓死。」

主任：「『放下』這個詞是…啊！我了解了，跟之前說的心一樣，念頭、樂受、苦受都是心法、世間法，如果心了知這些世間法，心會視苦與樂為相同的，因為心了知苦與樂的本質。」

禪師：「苦與樂有相同的價值和缺失，兩者都是無常，且令人不甚滿意的，一誕生起，必定消失。當佛陀如此觀察苦與樂時，正見生起了，修行的方法變得更清楚、明確，無論心中生起何種感受與念頭，佛陀都知道他們是無常的、苦的，他會捨離苦與樂。」

主任：「當佛陀如此觀察時，八正道之一的正見便生起。」

禪師：「沒錯，無論行、住、坐、臥，什麼念頭或感受在心中生起，佛陀都知道這是樂，這是苦，並因此而同等視之，所以佛陀不執著苦與樂。」

主任：「我曾聽說過，佛陀剛證悟時，他說：『諸比丘！沉湎於樂是懈怠法，陷

禪　師：「因為苦與樂會干擾他的修行，所以他之前一直沒有把苦與樂放下，無法證悟。但當他了解苦與樂的本質時，他放下了，也就此證悟。所以這句話是他解說沉溺於感官之餘的害處，與教導如何捨離苦與樂。」

主　任：「所以滅苦之道，就是禪修，換言之，我們一定要有正念才行。」

禪　師：「無論何時，我們都必須保持正念，有了正念正知，才會分辨對錯、好壞，覺知我們的苦樂，覺知我們所做的事是否正確，還是錯誤，當我們始終保持正念和覺知時，智慧會生起。」

主　任：「所以我們觀察喜愛的事物，但不對他產生執取，只是喜樂。」

禪　師：「對，這就是所謂的把心與感受分開。」

主　任：「當快樂生起，感受也隨之生起，無論是苦是樂，如果有智慧，我們就不會執取，我們會放下，了知苦與樂。」

禪　師：「這樣就會成為『覺知者』，像剛剛說的，心和感受就像油和水。」

主任：「油和水雖身處同一個瓶子當中，卻完全不會混合在一起。即使我們生病或受苦，我們仍會知道感受是感受，心是心，兩者完全不相同。」

禪師：「佛陀曾指出，苦與樂是沒有實體的，不可能留住他們，我們雖然知道苦與樂的狀態，但我們不受影響，我們的心超越苦與樂，以不悲不喜的心過生活，我們只要保持覺知，就無須把外在事物放在心裡。」

主任：「如果是這樣，佛陀會知道有快樂嗎？我們呢？」

禪師：「佛陀當然知道，但他並不受影響，而我們仍未證悟，目標可能還無法到達，但只要我們已經確定了修行的目標，讓心只是心，把苦樂視為無常的，並超越他們。」

主任：「心和感受就像水和油，是分開的，但如果他們混在一起呢？」

禪師：「那是因為你無法徹底了知他們的異同，他們是兩回事，就像我們花了錢住在房子裡，這房子的屋主是我，而我也生活在裡頭，但如果房子發生火災了，我們會因此受傷嗎？」

主　任：「不會，有危險的是房子，而不是自己。」

禪　師：「沒錯，如果房子有問題，我們會煩惱該怎麼解決，如果房子倒塌或著火，我們必然會逃離房子。你注意到了嗎？如果苦生起，我們就要捨離，就像逃離那房子一樣。」

主　任：「房子和我，是分開的兩個個體。」

禪　師：「感受亦然，不論是快樂或痛苦生起，我們都能不為所動，就像房子與我們；感受與心一樣，我們是分開的，而且這是一件很自然的事情。」

主　任：「我們之所以認為心和感受混在一起，是因為？」

禪　師：「我們對他們產生了執取。當你了解心和感受是兩回事後，無論何種情況。都能把感受視為感受，心視為心了！」

禪　師：「你知道佛陀為什麼要我們禪修嗎？」

主　任：「因為苦與樂始終會生起，而修習觀禪可以讓痛苦止息。」

禪　師：「你如果僅僅知道這些的話，是不夠的。」

主　任：「咦？還有什麼特殊原因呢？」

禪　師：「親修實證的智慧和緣於閱讀所產生的知識，是完全不一樣的。」

主　任：「這我聽過，我們的知識若只來自於閱讀，我們的心就不知如何放下。」

禪　師：「如果心知道如何取捨，我們就會放下，知道事物的本質，我們也不會因此而迷失，既使生病也一樣。」

主　任：「但若有人長期臥病在床，就根本沒辦法禪修啊！」

禪　師：「這是愚蠢的人才會說的話，生病和臨終的人更應該精進修行才是。」

主　任：「但如果身體太糟糕，就無法禪修了吧！」

禪　師：「當痛苦生起時，諸行無常，死亡會隨時降臨，所以他們會認為無法禪修，因為覺得自己沒有時間。但佛陀不會這麼教，他說：『此時此地就是禪修的地方。』佛陀認為這樣正式修行的時候，當你生病、臨終之時，就更應該精進，不然會更糟糕！。」

主　任：「那工作忙到無法禪修呢？我有時候工作實在太忙，加班加到凌晨兩、三點，根本沒時間禪修。」

禪　師：「你有時間呼吸嗎？」

主　任：「當然有，應該說不呼吸就會死吧！」

禪　師：「既然都有空能呼吸了，怎麼會沒有空禪修呢？這代表你離法（Dhamma）還很遙遠啊！」

主　任：「什麼意思，你在反諷我嗎？我不是都說了工作忙了！」

禪　師：「我只是舉例，畢竟你怎麼可以用工作繁忙來當作拒絕禪修的藉口呢！事實上，修行只是關於心與你是否保持覺知而已，並非你需要去追求或奮鬥的事情，修行是必須隨時保持覺知，在一般日常生活、工作中，我們也是持續呼吸著，我們有刻意去呼吸嗎？呼吸是一種順其自然的事情，而我們只要保持覺知，就能清楚觀察我們的心，這就是禪修。」

禪　師：「只要我們有覺知，正念現前，並非常專注，那無論我們在做任何事情，都能隨時隨地禪修，還能把工作做得更好。」

主　任：「原來你是這個意思，抱歉，我搞錯了！」

禪　師：「沒事，倒是你真的很容易發脾氣。」

主　任：「平常還好，但工作期間比較常發生，有的時候光是跟雇主討論、指揮手下工人，就搞得我一個頭兩個大，又沒辦法慢慢說，時間就是金錢。」

禪　師：「你要注意一下自己脾氣了，禪修其實沒那麼難，隨時都可以做到的。」

主　任：「我知道了。另外我想問問，你知道lokavidū的意思嗎？」

禪　師：「世間解，是通曉世事的專家，像佛陀就是世間解。當我們善於觀察自己的心，並知道如何守護自己的心時，我們就能了知外在的事物，並了知這個世間。」

禪　師：「他知道世間是一團混亂，所以佛陀教導的法不會超出我們的能力。因此我們知道心是心，感受是感受，而心能觀察外在的事物，觀察苦與樂的感受，觀察他們的生起與消失，而我們也必須如實的觀察他們的本質，然後把他們放下。」

主　任：「所以我們修習禪定，是為了看到更多事物？」

禪　師：「不是，是為了讓心平靜下來。在四威儀中，無論採取何種姿勢，我們都應該正念現前，並保持覺知。而我們打坐是為了讓心平靜，並培養心力，如此而已。」

主　任：「有在某些地方曾看到有人先修習止禪，再修習毗婆舍那（觀禪）。」

禪　師：「那是不對的，不應該如此區分二者，這兩者同等重要。」

主　任：「不能區分開來？」

禪　師：「我們只能在名稱上，把禪修分成止禪與觀禪，就像一把刀一樣，有刀鋒、刀背，你拿起來時，必定是兩邊一起拿起，而不能把他們分開。靜能生慧就是這個意思，當內心平靜時，智慧就會生起。」

主　任：「那『法』來自哪裡呢？」

禪　師：「『戒』就是法的父母親，我們遵守戒律，使心平靜，言行上不會有所犯錯，只要我們沒犯錯，就不會感到焦慮；不會焦慮，心也會平靜下來，所以說，戒、定、慧是所有聖者邁向涅槃之道。」

主任：「戒、定、慧三學不是相輔相成的嗎？戒能生定，而定能引發智慧。」

禪師：「沒錯，就像是一顆芒果，在開花時，我們稱他芒果花；剛結成果實時，我們叫他小芒果；等他成熟時，我們就會改為成熟的芒果。同樣是一顆芒果，他會持續變化，從芒果花一直到成熟的芒果，我們應該像這樣觀察，畢竟不管是什麼稱呼都不重要。」

主任：「就跟戒、定、慧一樣，只要知道是通往涅槃之道就好。」

禪師：「有沒有發現這芒果跟人的一生挺像的，人在出生後就逐漸長大、變老，而芒果也是，開花、結果。」

禪師：「但有些人並不想長大，也害怕變老，他們打針、吃藥、擦保養品，就是不希望變老，甚至面臨死亡。」

主任：「這種人不該吃成熟的芒果，對他們來說，不會長大的芒果更好吧！」

禪師：「沒錯，凡是成熟的食物都不行，最好只吃尚未結果的花。」

主任：「有時候看到有人急著吃芒果，而想辦法用人工的方式把芒果催熟，但吃不成熟的果實就沒有了。」

禪師：「如果他們能理解，就能看到『法』了，當一切雜染、煩惱都清除時，我們就解脫了。」

主任：「這世上誰能真正理解這句話呢？就算我也是聽過就忘了，遇到憤怒的事情，還是忍不住破口大罵。」

禪師：「你必須學會身體力行的修行。」

主任：「我知道，但還是很難。」

禪師：「但還是要嘗試，把錯誤的丟掉，正確的留下實施。實際上，我們修行就是為了把對與錯、是與非全部放下，一切都放下。」

主任：「通常來說，我們會執著於對的，而錯的，也認定是錯的。」

禪師：「接下來便會爭辯得沒完沒了，所以如果他是對的，就放下；他是錯的，也放下。『法』就是一無所有，沒有執著，全部放下。」

主　任：「我知道你想講什麼了。」

禪　師：「既然知道了，就回去吧！雖然與雇主協定的時間很重要，但你手下的工人也很重要，先想想為什麼無法達成的原因，聽聽他們的意見吧！」

主　任：「我會回去再跟他們討論一下。啊！好像要下雨了」

主　任：「我得在下雨前讓他們把東西收好，不然他們會搞得一團糟。」

禪　師：「多給他們一點信心。」

主　任：「…其實他們每次都收得挺好的。禪師，謝謝你陪我開解，再見！」

禪　師：「再見！」

第6章

什麼都不太懂的糊塗佛寺住持

因為就在附近施工，所以主任在空閒時間常時不時就來拜訪，偶爾講講手下的工人所發生的事情，或和禪師討教佛法，時間一天一天的過去，而離佛寺最終完成的時間也越來近了，大概真的有聽進禪師的話，主任慢慢修改自己只要求效率、講求速度的個性，開始關心手下的人，使得建築隊原本緊張的氣氛逐漸緩和，也順利的在期限內完工。

在主任結束工程前，他特地前去跟禪師打了個招呼，並介紹了自己的雇主—這間佛寺的住持給禪師。這名住持對佛法瞭解未深，對很多事情也都不是很了解，又不好意思麻煩自己同樣忙碌中的副住持，能夠得到一名備受尊敬的禪師幫忙，住持總覺得自己放心不少。

住　持：「阿彌陀佛，禪師，你好！有人介紹我來向你請教。」

禪　師：「阿彌陀佛，說實在，我並沒有多少當住持的經驗，可能無法幫你太多。」

住　持：「不不不！禪師別那麼說，我也是第一次當住持，莫名其妙就被推上來了，再加上我只是個在家居士，有些東西都沒搞懂。」

住持：「仔細想想，我很擔心會誤人子弟，還是找有大德的禪師來當住持，會不會比較好？」

禪師：「事實上，住持不需要是位多了不起的禪師，甚至也不需要一定是出家人。」

住持：「咦？是嗎？難怪我抽到這職務時，總感覺他們在偷笑。」

禪師：「他們？你們有一群人在準備佛寺？」

住持：「對！大家分工合作，但說到住持，卻沒人想擔任，最後還是用抽籤的，我就覺得他們讓我抽籤時，表情怪怪的，該不會一開始就挖了個坑給我跳吧！可惡！我還特地去剃了個光頭！」

禪師：「…請節哀，不過既然當上了住持，就認真的做做看吧！說不定你會找到屬於自己的一片天。」

住持：「我知道了，畢竟都接下了這個職位，我會認真看待的。話說回來，為什麼總感覺剛剛你說的話，好像在鼓勵大學不知道該選哪個系的學生？」

禪　師：「這是你的錯覺。」

住　持：「是這樣嗎？」

禪　師：「是這樣沒錯，我先將我知道的告訴你吧！你得記得，除了修習法與律（Vinaya，毗奈耶）之外，我們沒有其他事情要學習、談論，以及提供意見，現在寺裡的人們是什麼身分？」

住　持：「出家人。」

禪　師：「所以他們的言行舉止都要像個比丘和沙彌，不要跟以前一樣。」

住　持：「具體來說又如何呢？我雖然也想出家，但是總是有放不下心的事情，這次能擔任寺裡的住持，就已經阿彌陀佛了。」

禪　師：「我們都經歷過在家人的生活，你覺得那種生活如何？啊！你現在應該只能算是在家居士吧！」

住　持：「我自己偶爾也會忘記這件事情，不過在家人的生活都比較忙亂，而且無法獲得安寧。」

禪師：「所以在佛陀的教法下，他們既然已經成為沙門，也應當改變自己的心，讓我們的心不同於以往。」

住持：「具體來說的意思是？」

禪師：「注意自己的行為舉止，不論是用餐、談話、走路，都必須符合沙門的律儀，保持內心平靜祥和。」

住持：「也就是跟以往的行為舉止都應當不一樣吧！」

禪師：「以前我們是在家人的時候，並不知道沙門的意思。」

住持：「Samana，梵語是wramana，意思是平靜和止息。」

禪師：「和以往不同，我們必須放下娛樂的心，要知道，娛樂是與煩惱、貪欲相應的。所以當我們人生順遂時，我們會高興；外在環境很糟糕時，我們則會難過，這就叫做『心為物役』。」

住持：「心受到外在事物影響的意思？這個佛陀說過，當我們受外在事物影響時，這就代表我們沒照顧好自己的心。」

禪　師：「這是因為我們還沒有依止處，因此我們的心會到處跑，跟著外境跑，心受到了負面的影響，像是痛苦、悲傷、絕望…等，我們不會把心收回來，也不會觀察自己的心。」

住　持：「所以我們該從外觀做起，讓自己從身體開始像個沙門？像是剃頭、剪指甲之類的？」

禪　師：「當然，在佛陀的教法下，我們出家為沙門，就必須讓自己看起來像個沙門，記得你們的袈裟是什麼顏色嗎？」

住　持：「土黃色的，我找了很多家才找到，這個顏色不太討消費者喜歡，很多店都沒進這顏色的布。」

禪　師：「這是佛陀在世時披的袈裟，也是阿羅漢與聖弟子們披的袈裟。而我們出家受戒也是根據傳統，這些傳統都是由我們的先師佛陀所傳下來的，這也是我們的生活方式。」

住持：「我知道，我們的住處來自信眾的布施，由他們所建造；我們也無須準備食物，亦來自信眾的布施；我們的醫藥、袈裟的費用，也都是來自信眾的布施。」

禪師：「這是佛陀留下的規矩，也都是佛陀留下的軌範。」

住持：「那如果都照著做了，這樣會是一個僧侶了嗎？」

禪師：「只有一半。一旦在佛陀的教法下出家了，從世俗層面看來，剃了頭，穿上黃色袈裟的你，在世俗人眼中是一位僧侶，這與世人以木頭或青銅來塑造佛像一般，都是世俗法。」

住持：「所以我該用黃金打造佛像嗎？或是玉石？還是大手筆一點，用鑽石？這個經費可能不太夠，但如果有必要的話…是不是在別的地方省省應該…」

禪師：「不對…你搞錯我的意思了。」

住持：「咦？」

禪　師：「因為世人需要佛像，但這並非真正的佛陀，而只是由各種素材打造出來的，不管是木頭、青銅，還是黃金都一樣，人們把他們視為一尊佛，但他們不是真正的佛。」

住　持：「從世俗的層面來看，他們是佛，但不是真的佛？」

禪　師：「這跟我們一樣，在佛陀的教法下，我們剃度成僧侶，但我們還不是真的僧侶，我們只是被視為僧侶。只有在我們的心能聚足慈、悲、喜、捨，達到真正的清靜，才能成為真正的僧侶，」

住　持：「我大概懂了，是我們內心的貪、嗔、癡使我們無法成為真的僧侶。」

禪　師：「從我們出生開始，貪、嗔、癡便一直跟著我們，而我們也始終離不開他，因此當我們剃度成僧侶時，我們心中仍有貪、嗔、癡，只能算是世俗的僧侶。」

住　持：「那真正的僧侶呢？」

禪　師：「真的僧侶已斷除貪嗔痴，要知道貪嗔痴是三毒，他們把這三毒從心中斷除，才能使內心清淨。」

住　持：「所以我們無法成為真正的沙門，是因為貪嗔痴這三毒嗎？」

禪　師：「對，我們因為貪嗔癡的生起，而使得內心無法平靜，因此我們無法成為真正的沙門，而貪嗔癡使我們不斷的生死輪迴，而我們修行，就是為了根除心中的貪嗔痴。」

住　持：「也就是說，只要我們根除貪嗔痴之後，我們的心就變得清淨，我們也能變成真正的僧侶。」

禪　師：「是的，現在我們的修行，只有達到世俗層次的程度，因此我們必須透過修心，來淨化我們的心，並在心中塑造一個真正的僧侶。」

住　持：「那身體、言語是否也與心有關？我曾讀過，在我們的身業和口業發動前，必須先發自內心，因為決定我們的行為和言語的是我們的心念，如果沒有心，身體和言語不會有任何作用。」

禪　師：「沒錯，身業、口業與心是彼此相關的。」

住持：「可以談談修練過的心嗎？與我們平常的心有什麼兩樣？」

禪師：「這種心很平靜、溫和，就像是已經被打磨過的柱子。」

住持：「柱子？」

禪師：「我們用木材製作柱子時，必定得先把樹木砍下，根部砍掉，再把樹枝削去，並將不光滑的部分剷平、磨光，去除某些部分，讓它看起來平滑、直順。」

住持：「而心就像這棵樹一樣，製作過程就如同我們修行的成果。」

禪師：「對！這與我們修行亦然。讓我們的心清淨和平靜是件好事，但這並不容易，所以我們必須從外在的身業和口業開始。就像這張桌子，它以前是一塊粗糙的木頭、一根樹幹、一棵樹，但我們將它砍去、修整後，就變成如今美觀實用的桌子。」

住持：「也是，如果想要擁有好看實用的家具，就必須將樹木做打磨才行。」

禪師：「佛陀教導我們的清淨道、解脫道是什麼？」

住持：「即是戒、定、慧三學，透過這三學來淨化內心，教導我們成為沙門，而這種清淨道也能滌除我們的貪、嗔、癡。」

禪師：「這就跟製造桌子一樣，也和比較外在事物和內心時，沒有任何差別。」

住持：「所以我訓練他們，讓他們聽法、唱誦、坐禪…等，這些事情是應該的？我實在怕有人會覺得受不了，產生反彈、抵抗。」

禪師：「如果他們覺得這些事情違背他們的心意，且覺得受到限制，這代表他們的心是鬆懈的。如果每個人都因為不喜歡而不願意去做的話，那就很難修行了，這就是我們必須修習忍耐的原因。」

住持：「修習忍耐和堅持，才能在解脫道上精進修學。那我們該怎麼做呢？關於身業、口業，與修行的部分？」

禪師：「你還記得佛陀的弟子們嗎？剛開始修行時，不就跟我們一樣只是個凡夫俗子，他們與我們一樣，有眼睛、耳朵，也有貪、嗔、癡，與我們並無不同。」

住持：「每個人尚未修行時都一樣，連佛陀一開始也只是個普通人。」

禪師：「修行使沒有能力的變得有能力；不美好的變得美好；尚未達標的使之達標，只要我們認真修行，也能和多聞聖弟子一樣，圓滿八正道，究竟解脫。」

住持：「所以我們才要訓練他們啊！我這邊有許多銀行家、工程師、老師的孩子出家，我總是煩惱於該如何讓他們修行？是否該有所分別。」

禪師：「你要記得，那些孩子是我們剃度和訓練的對象，我們一直在訓練他們，就像是尚未證悟的聖者一樣，我們和他們沒什麼不同，我們有相同的五蘊和想蘊，也有樂受和苦受。」

禪師：「就像佛陀和聖弟子的過去也是從凡夫開始修行，他們並無不同；就像佛陀引領那些人，教他們修行，以證得道智和果智，今天，我們也將引領他們修行和修持戒、定、慧三學。」

住持：「原來如此，比我想像中的還要難，我也要嚴肅一點，感覺應該比較好。

那關於持戒的部分，想要做個指教。」

禪　師：「戒、定、慧三學是我們修行的大綱，那裡有問題嗎？」

住　持：「當我們在休息這三者時，我們就是在修習解脫道，想達成解脫的目標，那持戒與身體有關嗎？」

禪　師：「當然有，你有想過我們為什麼會在這裡持戒、修定嗎？」

住　持：「恩…」

禪　師：「因為我們的色身就在這裡，我們必須依靠這個色身來修行啊！」

住　持：「喔！這就是佛陀要我們守護色身與六根的原因？」

禪　師：「為了持戒，我們就必須守護色身，不去傷害別人，也不去傷害自己，而口業與身業亦然，你不是已經知道這些都會造成惡業嘛！」

住　持：「不管是說謊、惡口或殺生、偷盜，這都是自己可以控制的。」

禪　師：「所以我們持戒時，就必須去觀察自己的身業和口業，像你剛說的說謊、殺生的後果。」

住持：「我以前也曾對別人說謊，甚至惡言相向啊！」

禪師：「別擔心，過去我們都曾造過這些惡業，但現在，當我們持戒時，學會觀察，觀察自己的身業與口業。」

住持：「什麼意思？」

禪師：「當你在殺生時，誰知道？你的手知道嗎？誰是覺知者？當你去偷東西時，誰知道？你的手知道嗎？誰是覺知者？當你邪淫時，誰最先知道？你的身體知道嗎？當你說謊時，誰最先知道？當你惡口或綺語時，誰最先知道？是你的嘴嗎？還是那些言語先知道？」

住持：「誰知道重要嗎？」

禪師：「無論誰是覺知者，讓它守護你的身業和口業，讓你的心守護你的色身與口業。」

住持：「那我該怎麼跟寺裡的小沙彌解釋？這有點難懂。」

禪師：「你告訴它們，就像抓住賊時，就讓他當村長，讓他守護其他人。當我們要守護自己的身業時，身體一無所知，它會到處走動、亂跑，只有當心告訴它該做什麼時時，它才會執行應有的動作行為，而我們的嘴也一樣，無論它說謊還是惡言相向時，是由心下達命令。」

住持：「這聽來簡單多了，所以當我們修行時，我們需要培養正念，讓正念現前，成為覺知者，覺知自己的心念與言行。」

禪師：「提醒他們，如果我們偷盜、殺生、邪淫、說謊、兩舌、惡口、綺語，都是我們的心讓我們去說或去做。所以無論心在何處，觀察它，保持覺知，讓正念現前，讓心觀察你的言語、行為，清楚的知道自己在做什麼。」

住持：「原來這就佛陀制戒的原因！」

禪師：「這些是佛陀制定的戒律，我們都要銘記在心。而過去經常讓我們破戒的心，以後也將變成我們的守護者。」

住持：「我們守護好心後，身體就不難應付了吧！」

禪師：「當然，因為身體是由心主宰的，如此遵守戒律，守護我們的身業和口業就不難。學會用正念正知來守護自己，守護我們的六根門。」

住持：「確實，在四威儀中保持覺知，就能在事情發生前阻止了，說話前，先想清楚；做事前，也先想清楚。」

禪師：「先知道自己要做什麼，在開始說話或行動，在我們行動或講話前，我們必須正念現前，我們必須先有正念，培養正念，直到我們能隨時正念現前，能在我們行動之前、在我們講話之前，就能正念現前，如此使我們的心具足正念。」

住持：「如果我們有人守護，就不會去造惡業，難怪佛陀會說：『如果我們能守護心，守護六根，遵守戒律就不難。』」

禪師：「如果有任何會傷害他人的身業或口業，當正念現前時，你會覺知到這是不對的，你會有熟是熟非的判斷力。如果我們能守護身業和口業，身口二業就會很美好，而這種美好是由於正念現前所致，因為心始終守護他們，觀察他們。」

住持：「是不是像我們的家一樣，如果我們勤於打掃和照顧，環境就會乾淨、整齊。」

禪師：「沒錯，這就像是身業、口業有正念正知守護，我們的身口二業就會很清淨，邪惡、骯髒的事也就不會發生。」

住持：「《阿含經》常提到：『初善，中善，後亦善。』是指修行時、修行中、修行後都很美好的意思嗎？」

禪師：「這指一戒，二定，三慧。戒、定、慧三學是美好的，如果修行的開始時是美好的，那麼中間也是美好的，最後的結果當然更美好。」

住持：「『定』是什麼？」

禪師：「如果我們能在禪修時，讓心專注、平靜，總是專注又小心，讓我們的心非常專注、穩定的在所緣境上，這種心一境性，就叫做『定』。」

住持：「『戒』我知道，是指發揮自制力，隨時隨地守護我們的身業和口業，守護六根門。那如果戒學和定學都穩定時，就會有判斷對錯的能力嗎？」

禪　師：「當我們的心接觸外境；當我們的眼、耳、鼻、舌、身、意接觸外境時，這些問題會生起，覺知的心也會知道，我們有時快樂、有時難過、有時憤怒，心會知道好的外境或不好的外境，心會去觀察各種事物。」

住　持：「如果我們有自制力的話，我們就會去觀察所接觸的各種事物以及心的回應，心是覺知者，會觀察他們。」

禪　師：「當我們能自制時，那無論發生什麼狀況，無論何種外境生起，你的身、語、意會有適當的反應，即使好事與壞事、是與非會生起，但當我們能夠選擇適當的所緣境時，這是淺的智慧，這種智慧會在我們的心中生起。」

住　持：「這樣的話，戒、定、慧如何生起呢？」

禪　師：「我們會執取接著生起的外境，我們會執取好的善的，因為我們擔心因一時的失念、疏忽而使心喪失定力。」

住持：「看樣子我得提醒他們小心謹慎，一旦發現哪個人行為不當，就要觀察外境。」

禪師：「這是戒、定、慧修行的次第。」

住持：「我們一開始根據佛陀的法來看待事物，法深植在我們心中，但無論我們去哪裡，我們會發現他人錯誤的行為，久而久之，就只顧著盯別人的錯誤了！」

禪師：「這是修行過了頭，但別擔心，這不是什麼大問題。」

住持：「咦？修行還有過頭這回事啊？不是說多多益善嗎？」

禪師：「就算是再喜歡做的事情、再喜歡吃的食物，要是天天吃、天天做，持續不到幾個月，肯定受不了的。」

住持：「說的也是，但那要怎麼辦？」

禪師：「當修行過了頭時，首先我們必須盡可能的守護身、口、意三業，當身口意沒有差錯時，就是『戒清淨』了。」

住持：「『戒清淨』？」

禪師：「戒、定、慧三學必須圓滿具足才能究竟解脫。而戒圓滿是圓滿的第一階段，必須戒圓滿，才能修行下一個階段。」

住持：「聽起來階段挺多的，那當我們有了持戒的基礎時，就是修行的初階了吧！」

禪師：「是的，我們會增長善心，並且戒慎恐懼，不敢造惡業。這是依照佛陀的教導來修習戒、定、慧三學。」

住持：「長久修行下來，我們應該能到達禪那（jhāna）的層次吧！」

禪師：「不，此時，修行仍相當粗淺，我們仍是個尚在修行的凡夫。」

住持：「感覺要花好久時間啊！沒有速成的辦法嗎？」

禪師：「別這樣想，要知道對某些人來說，開始修行就是一件好事，就像窮人意外得到了幾千塊，這些錢對他們來說很有用，能買件保暖的衣服或充飢的食物；但對千萬富翁來說，這點錢就一點意義都沒有。」

住　持：「也對，我有認識的朋友家財萬貫，前陣子不小心有部分投資出了錯，損失了幾十萬，他也不拿它當一回事，又繼續做別的投資，如果是我，大概會痛哭流涕個三天三夜吧！。」

禪　師：「錢財不過是個身外物，何必那麼在意呢！話說，痛哭三天三夜也太誇張了。」

住　持：「想到那些還能幫助更多人的錢沒了，就覺得心酸。」

禪　師：「這倒也是，等等！損失的不是你啊！別哭了！」

住　持：「喔！對，我都忘了，一時悲從中來。」

禪　師：「你冷靜點。所有的修行人除了持戒外，還必須修定、修慧，戒、定、慧是相輔相成的，當我們持戒持得很好時，心會更堅定；當心更堅定時，我們的智慧也會變得更敏銳。」

住　持：「如果我們持續不間斷的修習戒、定、慧三學，不就能進入解脫道的第一階段？」

禪師：「只是維持會有點難，但增上戒學、增上心（定）學、增上慧學都來自這一階段。」

住持：「到這一階段的時候，我們就不能犯太大錯誤了吧！」

禪師：「都修行到這裡了，應該也不會犯什麼錯誤，就像椰子樹透過樹幹吸收水分，被椰子所吸收的水來自一般的水、樹幹、土壤，但當水被椰子樹吸收、淨化了，同樣是水，椰子水卻比未被椰子樹吸收前的水乾淨，又甜美。」

住持：「所以我們只要繼續修行，戒、定、慧就會越來越精熟。」

禪師：「等我們能斬斷外緣，專心修行，我們的定力就會越來越穩定；我們的智慧也會更敏銳，而更容易去觀察事物。」

住持：「一旦嚴格遵守戒律，我們就不會去造身業或口業等的惡業了。」

禪師：「當我們談論身心時，身心是相互影響的，你知道是誰在控制身體嗎？」

住持：「剛剛有談到，是心。」

禪師：「無論身體做了什麼事，是心在下達命令，在心控制身體之前，外境會讓心衝動，而這種衝動控制了心。」

住持：「但只要持續觀察自己的心，修行就能逐漸進步吧！」

禪師：「我們的心就像升旗台上的旗子，平常靜止不動，因為有風，所以起風的時候會開始飄動。這跟我們的心一樣，沒有愛恨時，心是純淨、平靜的，既沒有快樂，也沒有痛苦，這才是心的真實狀態。」

住持：「所以修行是向內探索，觀察內心，直到回到最初純淨的心。所謂『清淨心』又是如何？」

禪師：「是一種沒有被外在環境所污染的心，也就不會為了得到快樂而不擇手段，總是保持覺知，以平靜的心來面對一切事物。」

住持：「如果一直讓心保持這種狀態，那當心接觸外境時，無論是好是壞，何種外境生起，都能保持覺知，並不為所動。」

禪師：「這是為什麼？」

住持：「因為有一顆能保持覺知的心，有正念與正知，才能從內心解脫。」

禪師：「很好，這部分你已經可以回去跟別人說法了！」

住持：「哪裡哪裡，都是您教得好。」

禪師：「就算你這樣奉承我，我也不會去你的寺裡說法。」

住持：「噴！」

禪師：「你還真的有這種意圖啊！」

住持：「你聽錯了。那要如何才能恢復初心呢？」

禪師：「話題轉得真快。當快樂生起時，只是快樂；當痛苦生起時，只是痛苦，不要讓心成為苦與樂的擁有者。你觀察這些事物，就會發現沒有什麼值得執取，快樂只是快樂，痛苦只是痛苦，如此而已，這些事物都是無常的。」

住持：「記得以前修行時，當外境生起時，心會對他們產生執取，貪、嗔、癡生起，心會因而陷溺在快樂或痛苦裡。」

禪　師：「這是心沒有覺知的徵兆，使我們在苦樂的漩渦中，不知如何出離，不得解脫，這種追逐外在事物的心是貧乏的心。」

禪　師：「當你碰到順境時，心情愉快；遇到逆境時，心情大壞，但你卻忘了，初心是清淨明潔的。如果心因為外境好而變好，這表示心被外境所欺騙。」

住　持：「不論快樂、痛苦都是被欺騙的意思？」

禪　師：「你忘了他們是無常的嘛！當痛苦生起時，心也痛苦；當快樂生起時，心也高興，心的所緣境[1]使人無法脫離世間，引起苦樂、善惡等事情。」

住　持：「難怪我們必須讓心保持最初的狀態，才能不受影響。」

禪　師：「生死、苦樂不斷交替，它們就只是輪迴的一部分，你如果長久以來仔細

2 外在的事物。

觀察，就會發現他們就只是這樣，沒完沒了。」

住　持：「但心也會有問題吧！我之前在辦理寺廟的相關證件時，曾經有人對我大吼大叫，說什麼我準備辦邪教、歛取金錢、殘害幼苗之類，我又不是做什麼壞事。為什麼得這樣被人辱罵。」

禪　師：「這是因為你執取了外在事物，你會覺得受苦，是因為你很在意別人的批評，並因此而耿耿於懷，但這樣，就會使你被執著所害。」

住　持：「可是，我只是想幫助大家更了解佛法啊！這是好事，為什麼他們不能諒解呢！」

禪　師：「如果人與人之間可以隨意得知對方的想法，這個世界上就不會有誤會了。」

禪　師：「而當你有所執取時，便產生『有（becoming）』，以取為緣，生起有，以有為緣，生起『生（birth）』。」

住　持：「這不是十二緣起嗎？」

禪師：「你既然聽過，就應該知道，你不需在意那些批評，只要把它當成一種聲音就好了，所以他們罵你時，就把它當成外星語或火星話，你就不會被他們影響心情。」

住持：「聽你這樣講，我感覺好多了，把他們不當一回事啊！看樣子我的修行還不夠。」

禪師：「等到你的定力變得更穩定，內心更堅定，且更能深入觀察自己的心，就更確信這種心境不會受任何事物的影響。使外境是外境，心是心，不執取任何外在的事物，讓心有所覺知。」

住持：「即使我知道有為法是有生有滅的，但仍然很難放下。」

禪師：「能否放下並不重要，重要的是保持覺知，這也是修行修心的第一個階段。」

住持：「這個我好像聽到過，是佛陀講過的吧！」

禪師：「佛陀稱這種心為種姓心(gotrabhū-citta)，這種心是超越凡夫，即將成為聖者的心，別忘了，這種心是來自像我們一樣的凡夫。」

住持：「我知道修習解脫到的初階是不悲不喜，但這真的很難做到。」

禪師：「這你一定要確實了解，如果你高興，會產生苦；如果你悲傷，也會產生苦，當你還在思考這個問題時，代表你還沒有把他們放下。即使你現在仍做不到，但只要當你受苦樂的影響時，能覺知這件事情，你的修行就會是正確的。」

住持：「所以當我們的心執取快樂時，我們要放下這執取的心，就算還沒辦法做到，也要在當下觀察它，了解不管是痛苦還是快樂，都是無常的。」

禪師：「當我們知道時，我們不執取快樂，也不受痛苦的影響，我們不苦也不樂，我們毫無疑惑，因為我們知道苦樂都不是道，苦不是道，樂不是道，因此超越苦與樂，並從中解脫，就會作為我們修行的目標。」

住持：「但目前還做不到。」

禪師：「即使如此，仍必須繼續修行。當快樂生起時，我們會執取快樂，我們要觀察這快樂；當痛苦生起時，我們會受影響，我們也要觀察這痛苦，觀察苦與樂都是無常的，直到我們能超越苦與樂，此時就是我們放下苦樂、悲喜的時候，也放下這個世間所有的事物。」

住持：「聽起來好像感覺能做到了，即使做不到，也只要記得觀察，總有一天就能得到解脫。」

禪師：「沒錯！心能成為世間解（lokavidu），成為世間法的專家。當心放下時，當覺知者放下時，此時心是平靜的，為什麼心能平靜？」

住持：「因為之前心已有覺知，只是尚未放下。」

禪師：「所以當心執著苦與樂時，我們不要陷溺在裡頭，我們要試著捨離苦與樂。只要能專注在自己的心，我們就無須觀察任何所緣境。」

住持：「所以只要我們執著苦樂或悲喜，我們就知道這肯定是錯的？」

禪師：「當然！因為執著苦樂、悲喜是世間法，世人執取快樂，也受痛苦的折磨，當我們執著世間法時，就不得解脫。」

住持：「這是為什麼？執取的力量那麼強大嗎？」

禪師：「因為世人不知離苦之道，不知道要修行，甚至因為不了解「法」，所以不斷的流轉生死。」

住持：「看樣子，果然修行是唯一的一條路啊！那如果我們執取了呢？該怎麼解決。」

禪師：「就趕快捨離啊！如果我們執取快樂，我們要放下這執取的心；如果我們被痛苦所折磨，我們要立刻放下，並觀察它。心不要執取外在的事物，要有堅定的心繼續修行。」

住持：「要非常注意呢！心時刻不得鬆懈！」

禪師：「就像你走路不想踩到黃金般的小心。」

住持：「這種比喻還真是貼切。」

禪師：「心會執取愉悅之事，所以我們必須努力根除這些事情，根除執取世間的貪愛心，不斷的修行，認真修行。」

住持：「關於觀察這件事，詳細說來是如何？」

禪師：「當你的心去除某種念頭時，一直向內觀察，觀察內心，成為覺知者，當他們知道時，只是知道而沒有回應，心知肚明，非常清楚，不涉入任何事情。心仍然有苦有樂，無論有什麼，心仍然在那裡，但心不會執取。」

住持：「心和外境是分開的不是？」

禪師：「所以心是心，外境是外境，當你了知這兩者後，就算他們互相接觸，你也會有正念正知，能保持覺知。」

住持：「一個修行者修行時，無論行、住、坐、臥，始終都能保持正念正知。」

禪師：「這種修行是正確的，我們讓正念現前，不只觀察外境，也向內觀察自己的心，讓我們的心更美好，更清淨。」

禪師：「把外在的事物放在一邊，只觀察自己的心和身體，或只觀察心和它的所緣境，我們觀察他們的生起和滅去，生起又消滅，觀察他們消失又生起，生起，生起，滅去，滅去，然後生起又滅去，最後我們只看到滅去，壞滅，消失。壞滅是一切事物的本質，當心如此觀察時，就不會苦苦追求外在的事物，而會專注在修行上。」

住持：「但我也怕會迷失，甚至發現錯誤。專注不難，但持續專注很難，修行的中途最怕走錯路。」

禪師：「當觀察時，只是觀察；當覺知時，只是覺知。因此在修行的過程中，不要摸索，不要懷疑，好好持戒，仔細觀察，看看什麼是對的，什麼是錯的，當你發現它是錯的時，立刻捨棄，不要懷疑。」

住持：「那修『定』也一樣？讓心平靜下來，觀察自己的每一個念頭，無論有沒有念頭生起，都不要擔心？」

禪師：「有些人想讓心平靜下來，但他們不了解平靜，他們不了解心的平靜。我們不是有學過，心的平靜有兩種。」

住持：「定的平靜和慧的平靜。」

禪師：「兩者有何分別？你還記得嗎？」

住持：「定的平靜是有限的，當心入定時，有喜、樂等五禪支，此時，心會執取入定之樂，但當心接觸外境時，就散亂了。」

禪師：「對！心怕碰到外境，怕樂，怕苦，害怕毀譽，害怕色、聲、香、味等，這種定害怕一切事物，一旦你入定了，你不想出定去面對紛擾混亂的世間，入甚深禪定的人只待在山洞裡，禪悅為食，不想出定。」

住持：「所以入定時，心是平靜的；出定後，卻無法忍受混亂的外境，必須待在安靜的地方。」

禪師：「這種平靜是沒用的，當你入定時，獲得暫時的平靜，但你總是必須出定。」

住持：「所以佛陀不讚許這種修行方式。」

禪師：「用平靜的心去觀察外在的事物，像是色、聲、香、味、觸、法、色身、無常、苦等等，當非常安靜時，去打坐，讓內心平靜，然後再出定，再去觀察，如此反覆訓練自己來淨化心靈。」

住　持：「所以培養覺知時，要隨時保持正念正知，一直觀察外境，然後讓心回復平靜的狀態，如此一再的重複，直到心非常平靜。」

禪　師：「你講得很好，那有關慧的平靜呢？」

住　持：「當心平靜時，去觀察外境，它們不怕色、聲、香、味、觸、法，無所畏懼，一旦接觸這些外境，捨離他們，把他們放下，這是慧的平靜。」

禪　師：「當心到達這個階段時，與定的平靜相比，心更平靜、清淨，心力也更強。」

住　持：「當心力更強時，就不會逃避；當心有力量時，不會害怕。記得以前，我也會害怕這些事，但既然我了解了他們，我就不會害怕，因為我知道自己的心力有多強。」

禪　師：「慧的平靜比定的平靜好多了。當我們看到一個情境時，我們觀察這個情境；當我們聽到聲音時，我們觀察這聲音，這是因為我們能觀察，能堅持立場，無所畏懼。」

住持：「所以無論色、聲、香、味如何顯現，當我們今天看見他們時，我們今天就放下，無論何種外境生起，我們全部放下。」

禪師：「沒錯，記得不要執取任何事物，讓那些事物順其自然。」

住持：「這好像是什麼力量。」

禪師：「這是毗婆舍那(vipassana)的力量。你該回去重讀一遍。」

住持：「有點忘記了！」

禪師：「當我們到達這個階段時，我們稱之為內觀，我們如實的、清楚的觀察事物，這是更高層次的平靜，是內觀的平靜。」

住持：「透過修定來獲得平靜，這挺難的說。」

禪師：「真的很難，因為我們必定有所畏懼。當你入定時，你會執著禪定之樂，但你不能只坐在那裡什麼也沒做，出定。」

禪師：「當有戰爭時，我們就得學會戰鬥，而不是躲起來逃避，即使不肯學，我們也總有一天需要面對，無法再逃避下去。」

住持：「所以我們必須依照佛陀教導的方法修行，從持戒和修定開始。」

禪師：「對！然後你記得，我現在只告訴你們綱要，當你回去帶領他們修行時，不要疑惑，不要懷疑這些開示。」

住持：「了解！你果然跟主任說的一樣，是個好人、好禪師呢！」

禪師：「請不要隨意發給我好人卡。不過你如果遇到什麼問題，我們可以再切磋看看！」

第7章

不再尋找自我的年輕旅行者

年輕的旅行者回到家後，順利的找到了工作，並且也開始踏上修行的路途，工作雖然辛苦，但是想到旅途中所經歷的一切苦難，就覺得不算什麼了。不僅如此，他後來還發現自己工作的地方，正是之前遇到的大老闆的公司，而且大老闆決定退休後，公司由大兒子接手，大兒子喜歡重用新人與新的創意想法，與旅行者一拍即合，他也順利爭取到新的預算，來進行新的案子。

在工作告一段落後，旅行者決定再去拜訪禪師。

旅行者：「Ｈｉ！禪師。」

禪　師：「你怎麼又來了啊！」

旅行者：「我來看看你啊！好久不見。」

禪　師：「……」

旅行者：「……」

禪　師：「……」

旅行者：「好吧！我其實是有點問題想問你。」

禪　師：「我先去倒杯水，我總覺得一定會講很久。」

旅行者：「幹嘛這樣！」

禪　師：「好了，你可以開始了。」

旅行者：「我最近開始修行，但是卻遇到了點瓶頸，想請您提點一下。」

禪　師：「我知道了，就先從修行的部分跟你談談吧！」

旅行者：「好的，麻煩您了！」

禪　師：「你要先搞清楚，我們的意見是一回事，法(Dhamma)是另外一回事。你應該知道修行從什麼開始吧！」

旅行者：「從培養耐力、忍辱開始。」

禪　師：「然後呢？」

旅行者：「然後自我觀察，觀察自己的行為、舉止，觀察……觀察什麼啊？」

禪　師：「觀察你自己到底在忙什麼！無論發生什麼事，佛陀要我們隨時保持覺知，無論事情在哪個地方發生，佛陀要我們具足正念正知。」

旅行者：「所以如果我們能保持覺知，無論出現何種外境，我們都要觀察它？」

禪　師：「你就能知道什麼是正確、什麼是錯誤，也能夠清楚的覺知苦與樂，隨時隨地保持覺知。」

旅行者：「但當心在觀察時，就無法面面俱到了。只知道這一邊，就無法得知另一邊。」

禪　師：「不覺得聽起來很像圍牆嗎？」

旅行者：「圍牆？」

禪　師：「圍牆沒辦法自由移動，所以我們把它砌在這邊，小偷就有可能從另一邊闖入，這該怎辦？」

旅行者：「多砌幾面牆？或是把出入口鎖起來？」

禪　師：「砌圍牆就是培養正念和保持覺知，也就是修行『法』，只要觀察，應該就會知道善法與惡法就在這裡生起，至於不需要知道的，就暫時放下。」

旅行者：「咦？就這樣？」

禪　師：「當你只能扛得起一塊石頭時，就不要勉強自己浪費時間與精力去拿兩塊，等到你擁有一台拖車時再去吧！專注在你力所能及的事，用你的耐力，精進修行。」

旅行者：「也就是量力而為的意思吧！我還以為能讓修行的進度加快一點。」

禪　師：「別把修行想得太簡單了！」

旅行者：「對不起，我只是想想而已，不會真的那麼做啦！」

禪　師：「你要知道，你是個聰明的人，千萬不要因小失大，試圖投機取巧…你有在聽我說話嗎？」

旅行者：「禪師稱讚我很聰明耶！好高興！」

禪　師：「……」

旅行者：「…啊！對不起。」

禪　師：「如果你穩定的繼續修行，你的悲與喜、可意和不可意的事都會出現，這就是你開始觀察的時候。」

旅行者：「觀察感覺是很重要的一環呢！禪師常常講到這個。」

禪　師：「當然！要知道，你的情緒和外在的事物是一回事，你的心是另一回事，它們是兩種不同的事。當我們遇到喜歡的事物，就會去追求不是？」

旅行者：「是沒錯。」

禪　師：「遇到不喜歡的事物，就會毫不在意，如果是這樣，就表示我們並沒有觀察自己的心，只是跟著我們的情緒走。情緒是情緒，心是心，你必須把他們分開，去觀察什麼是心，什麼是情緒。」

旅行者：「可是挺難分的，想追求喜歡的東西，不是人之常情嗎？」

禪　師：「這就是我們之所以修行的主因啊！畢竟我們的目標並不是成為凡人阿？」

旅行者：「也是，這樣我根本不用修行啊！本來就是凡人了。」

禪　師：「當我們在這裡靜坐時，我們感到輕安、自在，如果有人跑來侮辱我們，你會怎樣？」

旅行者：「當然會很生氣啊！想罵回去或揍他之類的。」

禪　師：「這樣就是使我們的心情受影響，而且使心沒有覺知，我們會成為一個情緒化的人，受情緒的左右。你必須知道我們所有的情緒都是不理智的。」

旅行者：「情緒化這個詞，聽來挺嚴重的，不過所有的情緒都是不理智的嗎？」

禪　師：「是的，因為情緒會障蔽我們的智慧，這就是為什麼，佛陀要我們去禪修，以便觀察世間的實相。」

旅行者：「所以如果我不了解「法」、不了解心、不了解外在的事物，我們的心會非常執著和散亂。」

禪　師：「這是因為外在的世界使你情緒波動，你會有許多情緒和讓你分心的事物。」

旅行者：「這樣我如果打坐，就沒辦法靜下心來吧！」

禪　師：「所以佛陀教我們觀察他們生起的地方，當他們生起時，他們不會停住，他們會壞滅；之後他們壞滅，又生起；生起後，又壞滅。當心平靜時，我們想要保持平靜，但我們的願望常與事實相反，所以佛陀教我們先從各方面觀察這些事物，只有這時心才會平靜下來。」

旅行者：「如果我能了解我的情緒，就不會成為一個情緒化的人了吧！」

禪　師：「是的！」

旅行者：「這麼想想，我似乎的確容易被情緒左右呢！以前常常三天一小架，五天一大架，不過自從開始修行後，我總覺得心情平靜許多，我朋友也常說我感覺心情不錯。」

旅行者：「佛陀說的果然很有道理，應該先觀察，讓念頭只是念頭，覺知只是覺知。」

禪　師：「記得告訴自己，外在的事物只是遵循他們的自然過程，有生、住、異、滅，這是一切事物的本質。你仔細想想，當你知道無常、無我是事物的本質時，你能做什麼讓你安心自在？」

旅行者：「所以這就是我們不安的原因？無論我逃到哪裡都一樣？」

禪　師：「沒錯，所以你該了解，這些事物只是順其自然，畢竟，我們對外在的事物有太多的意圖。」

旅行者：「世間法、有為法的本質是無常、苦、無我的，這也是所有事物的本質嗎？」

禪　師：「很好，你已經能觀察到自己的心念了。」

禪　師：「假設你今天在打坐時，心是平靜的，於是你感到輕安自在，如此持續兩三天，你是否會對打坐產生信心，並且真心做這件事情？」

旅行者：「當然，能心平氣和的打坐是件好事，這樣我也能持續下去。」

禪　師：「但是突然某天，一樣是同個時段、同個地點，當你坐禪時，卻總覺得屁股下有螞蟻在爬，坐著不動，無法入定，這時，你肯定會覺得心煩意亂。」

旅行者：「為什麼？明明是同一個地點和時間，怎麼感覺會差那麼多？」

禪　師：「你忘了嗎？所緣境、外在的事物是無常的，他們是會改變。」

旅行者：「啊！難怪佛陀教我們要如實的觀察他們，畢竟無論什麼生起，都是一些有為法。」

禪　師：「無論我們喜歡的是什麼，他讓我們快樂，因為我們的心被蒙蔽。當心平靜時，佛陀告訴我們不要自滿，當心受干擾時，佛陀告訴我們要保持覺知。我問你個問題，以前應該學過數學嗎？」

旅行者：「當然！我還在小學考過一百分呢！媽媽還帶我去吃了大餐。」

禪　師：「小學考一百分很普通吧！應該說，沒考過的人才奇怪，你小學成績到底是有多差，才讓媽媽感動得帶你去吃大餐。」

旅行者：「也還好啦！不過那可是我人生中唯一個數學滿分，很值得紀念，順帶一提，吃大餐是因為我那天生日。」

禪　師：「我沒有在誇獎你，還有，這樣一來，考一百分跟吃大餐根本沒關係

旅行者：「恩，沒關係啊！」

禪　師：「你…算了，假設現在我們學數學只要加減法，要廢除乘除法…」

旅行者：「幹得好！太棒了！這誰提的法案，我愛他！」

禪　師：「你到底有多討厭數學啊…可是這樣一來，算術就會變得很糟糕了不是？」

旅行者：「是沒錯啦…」

禪　師：「如果我們只有加減法，我們或許會有空間去放其他東西，但如果我們這樣想，我們會不得安寧，佛陀也說這種想法是沒有智慧的。」

旅行者：「對不起！我不是故意這麼想的，也沒有從小時候就在詛咒數學。」

禪　師：「好了，把話題轉回來。遠離使人分心的事物，才會有平靜的心。這句話你覺得對嗎？」

旅行者：「應該沒錯吧！為了讓心平靜下來，不是有許多人選擇遠離塵囂，住在安靜的地方，只要擺脫這些容易分心的事物，就比較容易平靜下來。」

禪　師：「有一種像癌症的疾病，雖然是腫瘤，卻對生活無礙，也沒有折磨我們，沒有傷痛，因此我們好像沒問題，就像心裡沒有煩惱一般。」

禪　師：「就像你一直待在隱居處，會很安靜，不過一旦你離開隱居處，看到色塵，聽到吵雜的聲音時，就不再安靜了，心也不再輕安自在。要知道，不可能一直單獨過著隱居生活，避免看到色塵、聽到聲音、聞到香氣、嘗到味道，或接觸外物，這世界上沒有這樣的地方。」

旅行者：「是沒錯，可是這樣我們就無法擁有平靜的心了。」

禪　師：「佛陀要我們面對外境，而不是逃離和隱藏，只要我們試著觀察，就會知道這些事物原來就這樣，沒什麼大不了。」

旅行者：「佛陀要我們增長智慧，那我們要如何增長智慧？」

禪　師：「堅持下去，當讓人分心的事物出現時，記得它是無常的；當心平靜時，也記得它是無常的。」

旅行者：「這樣沒問題嗎？」

禪　師：「不相信的話，我有個方法可以檢驗。」

旅行者：「什麼方法？」

禪　師：「你最喜歡吃的東西是什麼？」

旅行者：「恩…咖哩吧！」

禪　師：「那這禮拜都吃咖哩如何？」

旅行者：「不錯啊！可以品嘗咖哩的許多種口味，果香咖哩不錯甜、沖繩咖哩挺清爽的、南洋風咖哩有熱帶風味、印度咖哩則是辣得很帶勁。」

禪　師：「你還真的很喜歡吃咖哩呢！那這個月每天吃呢？」

旅行者：「恩…應該沒問題！」

禪　師：「那從今天開始，到明年的今天每天吃呢？」

旅行者：「…我想，我大概會受不了。」

禪　師：「即使是最喜歡的咖哩？」

旅行者：「即使是最喜歡的咖哩，再吃下去，我覺得我會討厭看到它的。」

旅行者：「對不起，咖哩，我想我不夠愛你。」

禪　師：「有必要跟咖哩道歉嘛！還有這種肥皂劇台詞是怎樣。」

禪　師：「所以就算是最喜歡的東西，也沒辦法天天吃，不是嗎？因此你要知道『諸行無常』的事實，為了生存，我們必須有所變化。」

旅行者：「快樂是無常的，痛苦也是無常的，平靜是無常的，散亂的心也是無常的。所以，無論什麼外境生起，都是無常的。」

禪　師：「你能想清楚就好，你不喜歡的事物全是無常的，而所有的事物也都是無常的，這就好像他們想把東西賣給你，但所有的東西價格都一樣。」

旅行者：「無常意味著沒有什麼是確定的，是實相，那我為什麼無法看見實相？」

禪　師：「因為你沒仔細的觀察。『凡見法者即見佛』，你發現每件事物都是無常的，你就會厭倦（nibbidā），當你這樣做時，要觀察就不難了，不管任何事物對你來說，都沒什麼大不了的。」

旅行者：「那『諸法無我』該如何解釋？我知道一切事物都是無常的、不穩定的，沒有不變的實體（無我），因為？」

禪　師：「因為變異，諸法的特質是無常、苦、無我。」

禪　師：「現在有塊鐵塊，我們把它加熱，直到變紅，你如果摸它頂部會怎樣？」

旅行者：「會被燙到吧！」

禪　師：「那底部呢？」

旅行者：「一樣啊！不是都燒紅了？溫度應該不低。」

禪　師：「當你走在路上時，你會碰觸這塊燒紅的鐵塊嗎？」

旅行者：「不會！這光看就知道溫度很高了，我又不是笨蛋。」

禪　師：「我們都知道它是燙的，所以不會去碰它。如果你喜歡這燒紅的鐵塊，無論碰哪裡，你都會被燙傷。所以不管你是在吃飯、走路、上廁所，都要保持正念，不要在乎外在的事物，就像燒紅的鐵塊一般，既然你明知碰到會燙傷，就不要伸手接觸它。」

旅行者：「諸行無常，一切事物都是無常的，那他們為什麼是無常的？」

禪　師：「因為它們沒有永久不變的實體，無論你喜歡什麼，這也是不確定的，無論你多喜歡它，這也是不確定的，就像玻璃杯一樣。」

旅行者：「玻璃杯？我好像有聽過這個，你是想說：杯子總有一天會打破，不是今天，就是明天，不是明天，就可能是後天。」

禪　師：「這是因為玻璃杯是無常的。佛陀教我們不要執取任何事物，因為一切事物都是無常的，一旦出生，就有老、病、死，這是必然，也是永恆不變的真理。」

旅行者：「若是一切事物都是無常的、不確定的，那什麼是恆常的、不會改變的？如何固定不變？」

禪　師：「一切事物都有成、住、壞、空，暫時的停住（duration）是事物存在的方式，這是固定不變的。一切事物生起後會逐漸壞滅，壞滅後又生起，無常就是這麼回事，無常是真諦。你知道佛陀和他的聖弟子之所以覺悟的原

旅行者：「是因為體悟生命是無常的，不是？」因嗎？」

禪　師：「是，當你觀察到無常時，你會厭惡、厭離，這種煩惱會壓迫你的心。如果你從中逃離，這會是一種煩惱而不是覺醒，實際上是深重的煩惱，但我認為這是覺醒。」

禪　師：「假如你對別人非常友善，無論你有什麼，你想要跟他們分享，你覺得他們很漂亮、可愛和善良，而你的煩惱是從另一邊生起。這不是善心，而是帶有私心的好意。你從他們獲得想要的東西，這是你對他們友善的原因。」

旅行者：「把討厭的情緒放下，放下一切，這時才能說是已經放下，不再執取，沒有執著，這樣不就是『空』的意思？」

禪　師：「空並不意味著沒有人存在，就像這玻璃杯，不是我們說它是空的，它就不存在。就像是這個水杯，如果我們喜歡這個水杯，它不會回應或說話，喜歡只在我這邊；如果我們討厭這水杯，把它扔進垃圾桶，它也不會回應，更不會對我們有任何反應，你知道這是為什麼嗎？」

旅行者：「因為水杯不會說話……啊！我們喜歡或不喜歡它，都是因為我們自己的執著。」

禪　師：「沒錯！你終於懂了！」

旅行者：「所以我們看見它好的，或是不好的，都影響了我們的心，這就是所謂的煩惱吧！」

禪　師：「但你也不用刻意逃避，只要了解這個道理，並學會觀察，你就會知道——這些事物是無常的，他們只是遵循他們生起又滅去的法（dhammas），如此而已。」

旅行者：「如果我們討厭他們，他們不會回應，如果我們喜歡他們，他們也不會回應，那感覺就只是我們一廂情願呢！」

禪　師：「沒錯，自作多情！沒有什麼能干擾我們，但是我們全部都會受影響。麻煩之後都以這種方式觀察一切事物。」

旅行者：「既然如此，那我們之所以受苦的原因？」

禪　師：「是因為我們不希望他們是無常的、不希望他們沒有永遠不變的實體。我們渴望得到我們不能得到的東西。你有想要的東西嗎？」

旅行者：「目前來說，我只想安安靜靜地順利打坐，想讓心變得平靜。」

禪　師：「我相信你是真的想要讓心平靜下來，但如何讓你的心平靜？佛陀說一切事物都有原因，但我們只想要結果。」

旅行者：「⋯我好像太自以為是了一點。」

禪　師：「給你個例子，我們吃西瓜，但我們不種西瓜，所以我們根本不知道西瓜來自何處，當我們看見西瓜時，他們已被切開，我們只知道它吃起來很甜，看起來很紅，但說到為什麼西瓜是這樣，我們不知道，因為我們不是全知者。」

旅行者：「可是我們本來就不可能知道所有的事情啊！」

禪　師：「你有種過蔬菜嗎？」

旅行者：「有，老家後面有一塊田，小時候媽媽吩咐我和姐姐都要輪流去澆水與施肥。」

禪　師：「如果我們忘了澆水，菜就不會長大；如果我們忘了施肥，菜也不會長大，仔細想想這道理，你才會增長智慧。」

旅行者：「等到外在事物都觀察完後，我們是不是該觀察自己的心？」

禪　師：「是的，該觀察自己的內心，你有想過為什麼我們要出生，又為什麼受苦嗎？」

旅行者：「這我倒是從來沒思考過，總感覺是理所當然的事情。」

禪　師：「因為我們從未徹底的去思考他們，所以我們完全不了解。你要知道，無論我們受多少苦，我們沒有真的看見苦，所以我們一直受苦。同樣的，當無法入定時，我們不知道心為什麼無法入定，佛陀教我們去找原因，一切事物的生起都有原因。」

旅行者：「所以原因很重要，不要只看結果。」

禪　師：「來！喝杯水！」

旅行者：「咦？好，謝謝，我正好有點口渴。」

禪　師：「你把水喝完了，對吧！」

旅行者：「恩。」

禪　師：「一旦喝完了，就要裝水。」

旅行者：「咦？所以是要我再去倒？現在嗎？」

禪　師：「坐下來。我是想告訴你，杯子裡的水並非源源不絕，是有限的。」

旅行者：「是的，要源源不絕的水的話，我們就要坐在泉水或水龍頭旁邊，才能隨時隨地的補充。」

禪　師：「當我們觀察無常、苦、無我時也是一樣的，世俗的知識無法徹底了知無常、苦、無我三法印，如果我們透徹的了知，我們知道無論什麼事物生起，它必定會壞滅，因緣和合的事物是生滅不已的，這是有為法的特質，當我們深入了解時，你不會受苦，我們會逐漸放下以前所執取的事物。」

旅行者：「就像佛陀常叫我們記得觀察事物的生起、壞滅，並一直觀察這法(Dhamma)，才會增長智慧，才能徹底覺醒，對一切事物覺醒。」

禪　師：「世間法有相同的特質，所以只要你不執取任何事物，就能徹底的覺醒。」

旅行者：「放下六塵真的挺難的，但我會努力，我知道所有的事物都是無常的。」

禪　師：「所以無論何種事物生起，他們的本質都是空無且虛幻不實的。當你觀察這些事物時，你會看到什麼？」

旅行者：「既然是空無且虛幻不實的，那應該不會看見其它東西，只看到事物的生起，然後又壞滅而已吧！」

禪　師：「所以當你十分安靜的在打坐時，心裡想東想西也沒關係，只要不要一直想下去就好，就算心很平靜也是，記得平靜也是無常的，一切事物都是無常的。」

旅行者：「我了解了，不要繼續想下去對吧！」

禪　師：「前面說到受苦，我們之所以受苦的原因是什麼？是因為我們想要得到這個、想得到那個，或想成為某種重要人物，繼續這樣下去，我們一定會受苦。」

旅行者：「想要東西不好嗎？」

禪　師：「如果你覺得東西很好而很想要，這都是你個人的觀點。現在你面前有兩個蘋果，左邊那顆只要二十元，右邊那顆卻要兩千元，但他們都是好的蘋果，等我們分好一人一顆後，把他吃下肚，等我們消化出來後，就不會再有人想爭論哪顆是哪顆了，還是你想爭論？」

旅行者：「…不用了，謝謝。」

禪　師：「所以當你願意接受事物的無常與無我時，你知道這是他們的本質；如果不了解，我們會爭論什麼是我的和什麼是你的。如果兩顆蘋果都是二十元的，也不會有人去爭論，但不論食物多昂貴、多可口，一旦消化後，都只會變成同一種型態出現，不是嗎？」

旅行者：「別再說了！我來這裡之前才啃了一顆蘋果。」

禪　師：「喔…抱歉。」

旅行者：「……」

禪　師：「…所以那是多少錢的蘋果？」

旅行者：「喂！」

禪　師：「看吧！有人會問這件事情。所以一旦我們了知所有的事物都是世間法，知道他們的特質完全一樣，就不會再執取，學會放下，讓自己覺醒。」

旅行者：「只要讓自己解脫，心就不會有愛恨，也不會執著任何事物，會覺得更自在、平靜。」

禪　師：「沒錯，因為涅槃是痛苦煩惱的止息，因此涅盤之樂是究竟樂，體證涅槃的心是究竟的平靜。」

旅行者：「佛陀稱涅槃為究竟樂的原因，是因為什麼？。」

禪　師：「你應該學過，現世的快樂，不是究竟之樂；究竟之樂是平靜的。雖然現在的心是平靜的，但不究竟；雖然愉快，但不究竟，」

旅行者：「涅槃之樂是究竟快樂，涅槃把快樂變成平靜，既快樂又不執取任何事物。」

禪　師：「記得，生活中雖然有苦，但我們把痛苦和快樂的生起看作是相同的，他們有相同的價值。」

旅行者：「相同的價值？但對我們來說是不相等的吧！喜歡的東西讓我們想留著；不喜歡的東西則想丟掉，這代表他們是不相等的。」

禪　師：「但事實上他們是一樣的啊！他們是無常，而不是恆常的，就像我剛才提到的蘋果，一旦混在一起時，不管是哪個蘋果都是一樣的。」

旅行者：「這樣看來，我們所喜歡和不喜歡的事物是同等的。」

禪　師：「如果你剛剛的例子都聽懂，有了無常、苦、無我的觀念，就要在正道上隨時觀察我們的心，觀察我們的身體。」

旅行者：「打坐時，心偶爾會跑掉怎麼辦？我該把他拉回來嗎？會再跑掉嗎？」

禪　師：「會，無論你如何努力，心都會到處跑，但它跑不遠，只會在附近打轉。」

旅行者：「噪音也是？前陣子在修行時，家附近正好在道路施工，實在是太吵了，所以我找東西塞住耳朵，以防聲音干擾我修行。」

禪　師：「愚蠢！」

旅行者：「咦？可是塞住後，真的非常安靜，我覺得能更容易保持內心平靜了！」

禪　師：「如果不聽任何聲音就能成為聖者，那每個聾子都是聖者，每個盲人都是聖者，他們全都能將成為阿羅漢了，不是？」

旅行者：「也對耶！」

禪　師：「這是自我折磨，其實我以前也有試過。」

旅行者：「咦？禪師也做過蠢事。」

禪　師：「你終於肯承認自己在做蠢事啦！還有，我在你心裡到底有什麼印象啊？」

旅行者：「嘿嘿！」

禪　師：「算了。不要去砍已經枯死的樹幹，這會讓你像個傻瓜般浪費時間、體力。以前禪修時，我也曾如此陷入其中，佛陀教我們禪修，以便從痛苦中解脫，但我卻給自己增加更多的痛苦。」

禪　師：「記得你問的第一個問題嗎？」

旅行者：「身心遠離的部分。」

禪　師：「我們過著身遠離(kāya-viveka)的生活，是為了能夠心遠離(citta-viveka)，讓心遠離使情緒波動的所緣境。當我們知道什麼是更重要的時，我們會遠離，這是身遠離的唯一目的，如果你沒有智慧，當你身遠離時，你可能為你自己製造麻煩。」

旅行者：「是這個解釋啊！所以要先身遠離，才有辦法達到心遠離啊！」

禪　師：「當你在各地修行時，肯定會遇到露宿在荒郊野外時吧！」

旅行者：「有過幾次，說實在，不太舒服。」

禪　師：「這時，你會執著於你的住處嗎？」

旅行者：「當然不會，有地方睡就很好了！」

禪　師：「如果你執著住在荒野，你會像一隻猴子，當你看見樹時，你會想念樹，你會像猴子一樣跳躍，佛陀從未這樣教導我們；當你住在寧靜的地方時，心會變得平靜。但當你離開曠野時，你的心還會平靜嗎？那該怎麼辦？」

旅行者：「我讀過，佛陀沒有住在曠野，他要我們把阿蘭若（Arabba）當作訓練的地方。」

禪　師：「你記得為什麼嗎？」

旅行者：「好像是會對修行有所助益。去曠野找一個安靜的地方好好禪修，增長智慧，之後，進入城市與人接觸時，接觸到色、聲、香、味、觸、法，才能不為所動，才會有智慧來觀察事物，觀察他們的無常、苦、無我。」

禪　師：「但你要注意，這好像一把有雙刃的刀片，如果你沒有強大的心力，你住任何地方，與許多人共住，只會給自己製造麻煩。」

旅行者：「就像研究阿毗達摩(Abhidhamma)的僧侶？研究阿毗達摩的僧侶說，當你研究阿毗達摩時，你不必執著任何事物，你只關注心。」

禪　師：「當一個僧侶去曠野時，是在安靜的曠野修行，不會被朋友、同伴和其他事物所干擾，但是大多數人不是遵循這種正確的方式，」

旅行者：「所以我該一個人找個安靜的曠野修行？」

禪　師：「你沒聽清楚，如果你有正見、正念、正思惟，你可以與一群人共住，沒有問題，你也可以一個人住在森林裡或山洞裡，也沒有問題，但你必須先做到心遠離，而非身遠離。」

旅行者：「當心了知法時，使心見法，依法修行，而不是僅談論法，這是不同的事。佛陀一直在教導我們如何修行，但如果我們半途而廢，就很難進步

禪　師：「所以要學會訓練自己，就像訓練自己種水稻一樣，一旦我們插秧了，秧苗會逐漸長大，若沒有其他動物來吃，是好事，但如果有麻雀來吃呢？」

旅行者：「想辦法趕走牠吧！稻草人之類的。」

禪　師：「要是稻草人沒效了呢？我們該何時才能收穫？」

旅行者：「這是個大問題呢！雖然麻雀很小隻，感覺好像吃不多，但如果是一群麻雀，就麻煩了。」

禪　師：「我的重點不在麻雀上，可能是任何一種動物！」

旅行者：「喔喔！對不起。」

禪　師：「在解脫道上，我們必須增長心力。凡是有智慧的人都有直覺的知識（intuitive knowledge）；有直覺的知識者也有智慧。」

旅行者：「直覺的知識和智慧不同嗎？」

禪　師：「沒有不同。」

旅行者：「那為什麼有兩個不同的詞？」

禪　師：「一個是直覺知識，一個是智慧。你能只有直覺知識嗎？你能只有智慧嗎？不能，凡是有智慧的人都有直覺的知識，凡是有直覺的知識者都有智慧。這些都無法從書裡找到，他們是從你心中生起的。」

禪　師：「我曾經讀一篇佛陀的本生故事，當他在剃度出家後遇到許多困難，但當他想脫去袈裟時，害怕別人用異樣的眼光看待而感到羞愧，但因為修行並不順利，所以他想離開。」

旅行者：「我記得這篇故事，後面不是遇到了一隻松鼠，這隻松鼠的孩子被吹進了海裡，於是松鼠跑到水邊，把尾巴沾濕後，又趕快跑到岸上將它甩乾，然後一直持續這兩個動作，你知道這隻松鼠在做什麼嗎？」

禪　師：「牠在試圖用這種方式，讓海水乾涸，把牠的孩子救起來。」

旅行者：「但是這不太可能吧！就算真的可以把海水弄乾，牠的孩子也早就死

禪　師：「這不是問題，而是實踐的方法，重點不在於海水能否乾涸。當你想要成佛時，你不能放棄你的努力。」

了！」

旅行者：「那菩薩聽到這些話時，他有什麼想法？」

禪　師：「當他聽到這些話時，他的心中閃爍著光芒，他站起來，用他的努力來克服逆境，他沒有退縮，就這樣他終於成佛了。」

旅行者：「所以你說，這對我們而言也是一樣的？」

禪　師：「沒錯！無論在哪裡修行不順利，那裡就是他們將順利的地方；無論你在哪裡被騙，那裡正是智慧生起的地方。」

旅行者：「哪裡跌倒就從哪裡爬起來的意思。」

禪　師：「要是你還不相信，就試著在這裡吐痰，地會被你弄髒；但當你擦掉時，地仍然是乾淨的。」

旅行者：「我有點不太理解你的意思。」

禪　師：「如果不了解，就去禪修，才能一直思考。」

旅行者：「無論問題在哪裡出現，就在那裡觀察；無論你在哪裡被騙，就在那裡觀察。這意思是如果我執著一個景物，就觀察那個景物嗎？」

禪　師：「這就好像你踩到針時是一樣的，你會想辦法把針挑掉，從哪裡挑掉呢？當然是從被針刺傷的地方，而不會在其他沒受傷的地方去找。若是針刺進了你的手，你會在腳的地方找嗎？」

旅行者：「這會先痛死吧！完全找錯地方。」

禪　師：「所以我們禪師們都以自己的方式禪修，他們不會按照書本所教導的方式不斷摸索，他們用自己實證的方法來修行。」

旅行者：「那有哪位禪師的方法比較好嗎？像你的修行方式如何？會比較容易解脫嗎？」

禪　師：「並不是這樣分的，你記得，修行不管是有高還是有低，太低，就越過它的頭部；如果太高，就往下挪，這樣就好。」

旅行者：「關於情緒與分心的部分呢？有些高的，有些低的，不是？」

禪　師：「那你就必須觀察他們，看看如何捨離他們。如果他們是低的，就從他們的上頭越過；如果他們是高的，從他們底下滑過。做你所能做的，以便他們不會干擾你，這才是修行。」

旅行者：「這得慢慢摸索才會知道吧！」

禪　師：「你只要觀察你被矇蔽之處，從中覺醒就好，其他問題就像是路邊的小草，都不是什麼問題。」

旅行者：「那我只要跟之前一樣，放下讓我分心的事物，然後保持覺知就好。」

禪　師：「對！把他們放下，你不必成為入流者（初果）或一來者（二果），你不要想成為什麼，因為這是一種干擾，當你對任何事情都能有所覺知時，你就不會再懷疑。」

旅行者：「如果有人對我大吼大叫，我就不去回應他。」

禪　師：「是，這樣事情就結束了，你也不受他干擾。如果你耿耿於懷，無法放下，這反而會折磨自己。把批評、責罵當成什麼，記得嗎？」

旅行者：「一種聲音，只要不要讓他們進入耳朵，就不會影響到我。」

禪　師：「你也不會因此受苦，畢竟如果你很在意，就會引起你的負面想法，將情況變得更糟，引發更多問題。」

旅行者：「感覺修行還有很長遠的路要走，真是沒完沒了。」

禪　師：「不，實際上並不長久。如果你說它長，就比長期修行更長；如果你說它短，就會更短。當修行時，你不能用一般人的方式思惟，你必須更有耐心，你需要更努力。」

旅行者：「我知道。」

禪　師：「無論發生什麼事，你不要放在心裡，心有罣礙。當我們以這種方法看見『法』時，我們不會執著任何事物，我們知道快樂，我們也知道痛苦。」

旅行者：「佛陀和他的阿羅漢弟子們證悟時，不知道會怎樣？」

禪　師：「其實有一些事情還是跟他們以前一樣，只是聖者不執著，不會產生執取。如果你跟他們爭論這水梨是甜的或酸的，他們只會說：『甜的好，酸的也好，不酸不甜的也是好的。』」

禪　師：「同樣的，你沒必要太在意別人與外在的事物，我曾看過一些長老比丘在修頭陀行（dhutavga），你知道他們為什麼帶著大傘帳嗎？」

旅行者：「恩⋯因為小傘帳都被年輕的僧侶給帶走了？」

禪　師：「不，長老比丘不喜歡年輕僧侶用的小傘帳，他們喜歡隨身攜帶大的傘帳，在早晨，他們會摺疊他們的傘帳收起來；一旦旭日東升，他們也會把傘帳摺疊起來；在空曠處，因為傘帳經不起風，因此他們也不會用傘帳來擋風，把傘帳摺疊好，在烈日下把傘帳帶走，到了晚上，他們再撐起他們的傘帳。」

旅行者：「為什麼晚上才撐起傘帳，晚上又沒有太陽？」

禪　師：「我也曾覺得疑惑，在跟隨他們撐起傘架、摺疊傘架，持續做這些事途中，我甚至心生厭煩。」

旅行者：「咦？還有這種事情啊！」

禪　師：「我去叢林修頭陀行，但最後痛苦的結束，最後我了解我不是來叢林受苦，因此我一直在找出去叢林的路，這是為什麼我會變成一個找自己的路離開叢林的比丘的原因。」

旅行者：「你會躲在這座山，原來還有這段故事啊！」

禪　師：「我沒有躲！」

旅行者：「好好好！你說了算。」

禪　師：「實際上，佛陀教我們進入曠野修行的原因是讓我們增長智慧。你受苦，你就會尋找真理，你會去觀察和了解苦，最終你會對導致苦因的行為感到厭倦。進入曠野不是不好，是很好，能增長智慧。」

旅行者：「『頭陀支』是指把缽和傘帳掛在肩膀，讓自己被日晒風吹，直到臨命終嗎？這不是農夫在中部平原出售水牛的方式？」

禪　師：「這是修行的問題，你學習知足，學習適度的飲食，適度的睡眠，你開始變瘦，讓東西變得更少，以便能隨身攜帶。你念過很多書吧！」

旅行者：「是啊！大學畢業出來的。」

禪　師：「但修行的原則不需讀太多書，只要觀察自己的心就好，以這種方法禪修，你才不會茫無頭緒。」

旅行者：「一樣提醒自己是無常的？」

禪　師：「對！一樣。無論你碰到什麼，都告訴自己：『不確定』因為因緣和合的世間法，必定會變化、壞滅，一切事物都是無常的。」

旅行者：「那為什麼我看不見法？」

禪　師：「如果你真的看見無常，你就能看見法；如果你看見法，你就能看見佛。當你以這種方法觀察時，你可以住在任何地方了。當你坐著時，佛陀給你開示；當你躺下時，佛陀給你說法，無論你在做什麼，他給你說法。」

旅行者：「了知法者，能依法修行，這樣我就不會走錯路了！」

禪　師：「所以當正念現前時，心總是了了分明，知道這是錯的，這是對的，這是苦，這是苦因，這是苦的消除，這是滅苦之道，這是道，是邁向解脫的道路。」

旅行者：「修習八正道時，煩惱會減少。我覺得煩惱就像一支軍隊，如果煩惱增加，正道就會減少；如果正道增強了，煩惱就逐漸消失，煩惱的力量會減少。」

禪　師：「只要你正確的修行，正道已經建立時，你就可以住在任何你想住的地方。所以當你觀察到得與失是相同時，就不再有問題，因為此時心是平靜的－透過智慧的平靜。」

旅行者：「當我如此觀察時，就不會執著任何事物了吧！」

禪　師：「就像水果，現在你面前有一堆水果，你認得出來水梨、蘋果、芒果、木瓜嗎？」

旅行者：「當然可以，我小時候會跟我媽去菜市場。」

禪　師：「所以即使面前有100顆、500顆，你都不會搞混？」

旅行者：「當然！話說那四種水果長得都不一樣，會搞混才奇怪呢！」

禪　師：「所以無論它是什麼，你都能了了分明，沒人能欺騙你，你也沒有疑惑。如果你有正見，無論你是坐著、行走、躺下，都會有正見，心也一樣，總是輕安自在。」

旅行者：「我知道快樂不是『法』的最高境界，心不受苦樂的干擾，保持平靜，這才是最高境界，但要保持這種心境很難。」

禪　師：「我記得以前，曾有人罵我是隻狗。」

旅行者：「咦？真的假的？太侮辱人了吧！」

禪　師：「以前我肯定會覺得憤怒、難過，但現在想想，也就這樣了。」

旅行者：「什麼意思？」

禪　師：「如果他說你是一條狗，而你去咬他們，就真的成為了一條狗，這表示你缺乏自信，一旦你有自信，你就會不為所動。就像那受持八戒的人一樣，他的父母只在他出生前給他取個名字。如果他們稱你為人，有什麼好高興的？如果他們說你是一條狗，有什麼好難過的？所以我們繼續觀察，直到我們都是對的。」

旅行者：「禪師修行那麼久才達到這個境界，我覺得我該走的路還很遠。」

禪　師：「如果你開始討論『法』，你就不能避免苦，就像一塊燒紅的鐵，不會有地方摸起來是冷的，我們也一樣，一旦你執取任何事物，無論它是什麼，都是不對的。」

旅行者：「不管我執取好的，或不好的事物，都會受苦，因為通常好的東西容易使人被矇蔽，讓人產生貪戀、執取。」

禪　師：「沒錯！順帶一提，你有發現最近的雨下得特別多嗎？」

旅行者：「不是因為是梅雨季嗎？」

禪　師：「下雨是好事，只是雨太多，以致於淹沒房子，這就是好事過頭的結果。」

旅行者：「好事也不是完全的好啊！」

禪　師：「所以記得，不要在乎你的年齡是大是小，也不要在乎日子過去多久，謹記得觀察你的心。」

旅行者：「在修行過程中，為了禪修，我必須打坐或經行吧！」

禪　師：「不，不要這麼想，禪修是修行的問題，無論你是在說法，或坐下來聽，甚至離開這裡，你的心都要保持正念正知，不斷修行。」

旅行者：「持續不斷的意思？所以我不管做什麼都一樣？」

禪　師：「不管你是在洗澡、吃飯、打掃時都一樣，記得，不要在雨安居時，遵守頭陀支；雨安居結束後，就停止頭陀行。」

禪　師：「這就好像你準備除草種田，但在清理了一段時間後就覺得累，於是決定改天再來，之後隔兩、三個禮拜再來，雜草都比你剛看到時高出很多，這會使你花上更多心力與時間。」

旅行者：「聽了這麼多開示後，我該做什麼？」

禪　師：「隨時保持覺知就好，了解什麼是適當的，以及什麼是不適當的。就像這水壺裡有水，如果你把水壺稍微傾斜一點點，就是水滴；如果你讓水壺更傾斜，就會變成持續的水流。那水流是從何而來？」

旅行者：「來自水壺裡的水，就是前面那些水滴。」

禪　師：「壺裡的水就像我們的覺知，如果你保持正念現前，具足正念，就像流水一般，不會間斷。」

旅行者：「我曾聽說有位尊者說過：『我們的修行像一個圓圈，沒有終止的圓圈，繼續修行，讓修行持續不斷。』」

禪　師：「是的，你的覺知就像一個圓圈，這是修行的方式，讓你持續保持正念正知，每當有任何狀況時，你會立刻知道。」

旅行者：「有些人在禪修時不是會嚴格的逼迫自己嗎？像是如果我沒有證悟的話，讓我的血乾涸，讓我去死之類的。」

禪　師：「你要知道『量力而為』這四個字，雖然很多人試圖效法這件事情，但當他們身體開始感到劇烈疼痛時，就會開始失去原有的毅力，容易放棄，等到放棄後又會責罵自己，最後自己找到還俗的藉口。」

旅行者：「那為什麼當初要設定那種目標啊？」

禪　師：「所以佛陀教我們，在禪修時就應該有所覺知。像是我們常看到路上有貨車司機，他們在載貨時，一定很清楚自己的貨車能載多少貨品，有多少公斤的載重量，不是？」

旅行者：「沒錯！現在有些載貨的車子還會在車身上標註呢！要是超過了載重量，到時一旦翻車毀損物品或有人受傷，就得不償失了。」

禪　師：「所以你修行時，一定要特別注意，剛開始你的車子很小，只能載一點東西，但如果你硬要跟那些大卡車或大貨車一樣的載貨量，就注定失敗。」

旅行者：「我知道。所以那些認真的禪修者如何？真的只去做個在家居士嗎？」

禪　師：「可能有些人在脫去袈裟後一段時間，又開始覺得剃度出家好像比較好，覺得自己可以重新開始，於是又再度出家，並且更認真、嚴格的對待修行。」

旅行者：「有進步嗎？」

禪　師：「有，他們失敗過，所以會珍惜、會進步，但持續不久，開始懷疑自己會失敗。」

旅行者：「好糟糕啊！所以該不會又還俗了吧！」

禪　師：「他們會想，既然不會有任何進展，那還是脫去僧服好了，然後自我安慰地以那位曾出家和還俗七次的佛陀弟子為典範。」

旅行者：「第七次出家才能證得阿羅漢果位？感覺是個不太好的例子呢！」

禪　師：「光想些無意義的事情，這感覺就像是媽媽叫孩子睡覺，孩子說等一下，第二天就睡過頭，然後每天晚上一直重複著。」

旅行者：「真是貼切的形容啊！」

禪　師：「佛陀所教的法不會超過我們的能力範圍，所以別去關心我們看不見的事物，我們需要了解和觀察的是佛陀已詳細解說的『法』，把心思放在現在。」

旅行者：「像是如何過生活、為什麼會有痛苦、喜歡什麼東西，之類的問題？」

禪　師：「這是執著和執取。」

禪　師：「當你與他人共住時，你討厭他們，但你自己獨住時，卻不知道去討厭誰，最後你只好討厭你自己。」

旅行者：「我懂了，今天謝謝了！」

禪　師：「不會，有幫到你就好，之後有問題還可以一起討論。」

旅行者：「那我改天再來找你喔！掰掰！」

禪　師：「…我只是客氣話。」

第 8 章

學會改變自己的小兒子

聽從禪師的話，開始學佛法的小兒子跟以前越來越不一樣了，不僅主動走出家門，還願意去大哥公司幫忙，不再只是成天龜縮在家裡。

不僅如此，他還在公司裡遇到了跟自己不一樣，非常熱情開朗的同事，他也希望自己有一天能跟他一樣，四海之內皆兄弟。

想到自己能有所改變，都是多虧禪師的幫助，小兒子決定再度上山感謝禪師，順便將自己在修行中遇到的各種問題，請禪師指教。

小兒子：「Ｈｉ！禪師。」

禪　師：「你不是說要走……怎麼是你啊？」

小兒子：「禪師以為是誰呢？」

禪　師：「你是不是最近有遇到很…熱情的人。」

小兒子：「熱情？恩…不知道是不是你想說的，我在大哥的公司工作時，有位很熱情開朗的同事喔！」

禪　師：「肯定就是他！」

小兒子：「他是個好人喔！我不會的地方都願意從頭教起，還會拉著我去認識其他同事，我現在說話也不怎麼結巴了！另外，上次他還邀我去看展覽……」

禪　師：「好了，停！我不想聽下去了，你上來有什麼事嗎？」

小兒子：「喔！對了，昨天有聊到佛法的部分，我有些疑惑，他就叫我上來詢問和藹可親的禪師，禪師你跟他很熟嗎？」

禪　師：「這是順便幫我拉生意嘛……不對，我這又不是商店，就算叫我和藹可親，我也不會心情較好啊！」

小兒子：「禪師？你表情有點猙獰呢！」

禪　師：「……沒事，你看錯了。」

小兒子：「喔……我想問如何觀察諸行，如果觀察，會生起觀智嗎？」

禪　師：「會！但你必須先從觀察那些事物開始，當你專心觀察時，你就會發現問題不在那些事物上，也不是善念、惡念的問題，不要追隨你的念頭，這就是智慧，如果你繼續深入觀察，他們只不過是諸行。」

小兒子：「所以我必須把他們捨棄掉？」

禪　師：「當然，念頭不是真的你，意識只是意識，不是人，不是自我，也不是我們或他們，因此你也要把它捨棄。」

小兒子：「這樣才是事情的結束？」

禪　師：「你知道，別想太多，不然你會讓自己陷入困境。」

小兒子：「禪師，你有想過自己的過去或未來嗎？我偶爾會這麼想，自己以前是怎樣的人，以及會成為怎樣的人。」

禪　師：「你可以思考過去和未來，但不要太認真。」

小兒子：「為什麼？」

禪　師：「因為這只是念頭，不要隨著念頭轉，不然會很容易妄念紛飛。如果真的發生這種事，你能讓妄念中止嗎？」

小兒子：「恩，應該不可能的……」

禪　師：「所以當你觀察心只是心時，**記得心不是一個人，不是自我，也不是我們或是他們，這叫做心隨觀（cittānupassanā）**，心不是我們的，快樂只是快樂，痛苦只是痛苦，如此而已。」

小兒子：「如果我再深入觀察，就不會有疑惑？但是以這種方法觀察時，是真的觀察嗎？」

禪　師：「當然，你思考時，你也在觀察。等你觀察後，你就不會再相信那種事了。你的感覺就只是感覺，如同我們的心，無論什麼在心中生起又滅去，等到了解後，問題也就結束了。」

小兒子：「那……那諸行呢？」

禪　師：「仍然存在，但你不會被他牽著走，當你有感覺時，你能保持覺知，你會知道這不是修行感覺。」

小兒子：「那我該如何觀察真實的心呢？」

禪　師：「首先，你觀察心是無常的，你會發現沒有什麼可以執取的，因此你會放下，心無罣礙，沒有任何疑惑。」

小兒子：「但以世俗諦而言，色、受、想、行、識，生起又滅去，他們全都會壞滅不是？」

禪　師：「對，這就像舍利弗尊者問富樓那尊者的問題。」

小兒子：「這我讀過，好像是富樓那尊者正要去森林修頭陀行時，舍利弗尊者問了他：『如果有人問你，阿羅漢入滅後去哪裡，該怎麼回答？』」

禪　師：「『因為已經入滅了，色、受、想、行、識，生起又滅去。』當你了解這時，就是問題的結束。要去清楚徹底的觀察，才能產生智慧，而且這不只是生滅的問題。所以我們必須在自己的心中找原因，觀察心，直到沒有苦與樂，沒有執著，就這樣超越外在的事物。」

小兒子：「這樣就不會去執取和追逐諸行？」

禪　師：「只要如此觀察你的心，精進修行，那無論你在哪裡，你的心就不會有罣礙，記得，一切事物都有生有滅，生起又滅去。」

小兒子：「我們需要何種定力呢？如果沒有定力，能做什麼？」

禪　師：「什麼都做不了，畢竟如果沒有定力，你就根本無法禪定。我們需要足夠的定力去了知，以便產生智慧，讓你的內心平靜。」

小兒子：「昨天有跟他談到覺知者，所謂的覺知者（knower）和初心相同嗎？」

禪　師：「不同，覺知者會改變，而覺知者是你的意識。」

小兒子：「每個人都有？」

禪　師：「對，每個人都有初心和覺知者。」

小兒子：「那我睡著時，還有覺知者嗎？」

禪　師：「有，他是不會停止的，你聽過有分識(bhavavga）嗎？」

小兒子：「分心的意思？我知道有分識是生命有(bhava)的成份(avga)，是生命不可或缺的條件。」

禪　師：「那有分心的作用呢？」

小兒子：「保持在一世當中，從投生至死亡之間的生命流不會中斷。」

禪　師：「你背的很不錯，但你要懂他的意思才能真正記起來。」

小兒子：「了解。最後我想知道，多聽別人的『法』，能讓自己覺醒嗎？」

禪　師：「不對！你想錯了，如果你這麼認為，並根據這問題持續探討下去，就會沒完沒了，越來越複雜。」

小兒子：「所以？」

禪　師：「我跟你講個故事吧！」

小兒子：「好的。」

禪　師：「有一個孩子，父母工作很忙，所以他大部分時間都被關在家裡，無法外出，某天，他看到一隻雞。」

小兒子：「咦？一隻雞？」

禪　師：「對！但孩子沒見過，所以不知道是什麼東西，於是就問了他爸爸。但是爸爸很忙，所以沒閒功夫跟他解釋雞是什麼。」

小兒子：「好過分的爸爸喔！」

禪　師：「爸爸最後被問煩了，於是回答他：『等你長大了，就知道了。』」

小兒子：「真是萬用語，我小時候也被我爸這樣敷衍過，在我看到他帶著封面有很多女人的雜誌回家的時候。」

禪　師：「這你可以不用提了！」

小兒子：「對不起……」

禪　師：「但你要知道，禪修就是這麼回事，我以前也常會有很多疑問，但當你逐漸長大，並因此而專心觀察後，事情就漸漸明朗。」

小兒子：「原來如此，不是敷衍啊！話說，禪師是希望我別問那麼多問題，長大後就會知道了？」

禪　師：「你已經長得夠大了……我只是希望你盡可能的守護自己，守護六根，看看自己的六根是否到處攀緣，這才是所謂的守護自己。」

小兒子：「每次來問禪師問題，除了可以得到解答，還能多學到一點東西！謝謝你，禪師。」

禪　師：「不客氣。」

小兒子：「咦？禪師你臉紅了耶！跟我同事說的一樣，禪師很容易不好意思呢！」

禪　師：「我下次不會再回答你問題了！」

小兒子：「咦！對不起啊！禪師。都是他的錯，偷偷跟你說，我們今天約好下午去吃下午茶，你要不要跟我去欺負他。」

禪　師：「你真的改變很多啊！」

禪　師：「而且也見風轉舵得很快啊！」

小兒子：「恩…這就叫識時務者為俊傑吧！那禪師要去嗎？」

禪　師：「把地點寫給我。」

國家圖書館出版品預行編目（CIP）資料

我在山中遇見禪師 / 淨明著. -- 初版. -- 新北市：大喜文化,
2016.07
面；　公分. -- (淡活智在；8)
ISBN 978-986-92703-4-2(平裝)

1. 佛教修持　2. 生活指導

225.87　　105010284

淡活自在 08

我在山中遇見禪師

作　　者	淨　明
編　　輯	鄧琪潔
發 行 人	梁崇明
出 版 者	大喜文化有限公司
登 記 證	行政院新聞局局版台省業字第 244 號
P.O.BOX	中和市郵政第 2-193 號信箱
發 行 處	23556 新北市中和區板南路 498 號 7 樓之 2
電　　話	(02) 2223-1391
傳　　真	(02) 2223-1077
E-mail	joy131499@gmail.com
銀行匯款	銀行代號：050，帳號：002-120-348-27 臺灣企銀，帳戶：大喜文化有限公司
劃撥帳號	5023-2915，帳戶：大喜文化有限公司
總經銷商	聯合發行股份有限公司
地　　址	231 新北市新店區寶橋路 235 巷 6 弄 6 號 2 樓
電　　話	(02) 2917-8022
傳　　真	(02) 2915-7212
初　　版	西元 2016 年 07 月
流 通 費	新台幣 280 元
網　　址	www.facebook.com/joy131499